新时代推进廉政文化建设研究

王维◎著

新华出版社

图书在版编目（CIP）数据

新时代推进廉政文化建设研究 / 王维著.
北京：新华出版社，2022.2
ISBN 978-7-5166-6211-3
Ⅰ. ①新… Ⅱ. ①王… Ⅲ. ①廉政建设－文化研究－中国
Ⅳ. ①D630.9
中国版本图书馆 CIP 数据核字(2022)第 038658 号

新时代推进廉政文化建设研究
作　　者：王　维

责任编辑：董朝合　　**封面设计**：白白古拉其

出版发行：新华出版社
地　　址：北京石景山区京原路 8 号　　**邮　　编**：100040
网　　址：http://www.xinhuapub.com
经　　销：新华书店、新华出版社天猫旗舰店、京东旗舰店及各大网店
购书热线：010-63077122　　**中国新闻书店购书热线**：010-63072012

印　　刷：北京四海锦诚印刷技术有限公司

成品尺寸：185mm×260mm
印　　张：9　　**字　　数**：150 千字
版　　次：2023 年 7 月第一版　　**印　　次**：2023 年 7 月第一次印刷

书　　号：ISBN 978-7-5166-6211-3
定　　价：56.00 元

前　言

自古以来，中华民族都是以自然、廉政为传统的民族。中华民族已有五千多年的历史，在漫长的岁月长河中，积淀了丰富而又璀璨的文化遗产。纵观中华民族5000年的发展历程，清官廉官历历在目，反腐倡廉的知名事迹牢牢扎根于人民群众心中。从人的发展水平来看，人之所以能够进步发展，与劳动人民的廉政思想密不可分。怎样看待人类发展与廉政思想之间的关系，成为进一步促进人类继续发展、推动社会进步的重要课题。梳理人类的整个发展历程可以发现，廉政与腐败、进步与落后之间的矛盾斗争时刻存在。而在这个反复斗争的过程中，人类的廉政思想与廉政意识，成为推动人类进步的重要力量之一。

“廉政”，是一个动态的课题，随着历史的变化而不断演变。因此，从这个角度看，廉政文化，一方面是一个十分古老的话题，同时也具有鲜活的生命力。人类社会的进步、社会文明的发展都与廉政文化息息相关，换句话说，廉政文化的形成与发展正是人类社会进步发展的具体化。而廉政文化的形成，具体到人的实践中，主要表现文人的“实践性”与“自觉性”。通过梳理廉政文化的历史演变过程可以发现，廉政文化最早出现于原始社会末期，也就是“廉政实践”与“廉政意识”这一阶段。而“诚信文化”，其重要基础就是“诚信、自觉、实践”。人类的“诚信文化”建设成为了人类文明进步发展的新动力，并且，伴随着社会进步与发展，“诚信文化”已经成为当前新时代的重要主题，并以此为基础，形成了一个专门的相对独立的学科，可以说，在新时代，“诚信文化”被赋予了新的意义。

究竟什么是廉政文化？廉政文化的内涵概念如何界定？廉政文化具备何种特征？不同的人对此都有不同的见解。实际上，这些问题都是“仁者见仁，智者见智”的问题，针对廉政文化，当前还没有出现较为统一的界定。因此，本书将会充分吸纳前人的研究成果，对廉政文化的相关内容进行深度分析与理性探讨，提出一些独特的个人见解和思考。

历史告诉我们，严厉惩罚腐败是必不可少的手段和方法，但仍然不能彻底根除腐败。虽然惩罚对腐败有很大的威慑作用，但它不能根除负面文化因素的土壤。为此，应当进一步加强反腐败斗争的力度，在全社会大力弘扬廉政文化，加强廉政文化的建设与实践，为现代社会的可持续发展做出贡献。

目　录

第一章　廉政文化相关概述 …………………………………… 1

第一节　廉政文化的内涵与外延 ………………………………… 1

第二节　廉政文化的特征与功能 ………………………………… 5

第三节　廉政文化与廉洁文化辨析 ……………………………… 7

第四节　廉政文化建设的主要内容 ……………………………… 9

第五节　廉政文化建设的基本原则 ……………………………… 14

第二章　我国廉政文化建设的核心思想 ……………………… 20

第一节　马克思主义指导下的廉政文化建设 …………………… 20

第二节　时代精神推进下的廉政文化建设 ……………………… 28

第三节　社会主义核心价值观导引下的廉政文化建设 ………… 38

第四节　共同理想引领下的廉政文化建设 ……………………… 47

第三章　我国廉政文化建设的现实挑战 ……………………… 60

第一节　廉政文化建设的客观现状 ……………………………… 60

第二节　廉政文化建设的现实困境 ……………………………… 67

第三节　廉政文化建设的影响因素 ……………………………… 75

第四节　廉政文化建设的制约因素 ……………………………… 76

第四章　我国廉政文化建设的实践经验 …… 81

第一节　廉政文化建设的战略意义 …… 81
第二节　廉政文化建设的政治意义 …… 83
第三节　廉政文化建设的思想意义 …… 85
第四节　廉政文化建设的道德意义 …… 93
第五节　廉政文化建设的教育意义 …… 98

第五章　新时代廉政文化建设的路径选择 …… 112

第一节　把握廉政文化建设原则 …… 112
第二节　彰显廉政文化公平正义 …… 115
第三节　完善廉政文化建设机制 …… 118
第四节　促进廉政文化文创发展 …… 122
第五节　重视廉政文化效果评估 …… 127
第六节　探索廉政文化品牌策略 …… 132

参考文献 …… 136

第一章 廉政文化相关概述

第一节　廉政文化的内涵与外延

究竟什么是廉政文化？廉政文化的内涵概念如何界定？廉政文化具备何种特征？如果要明确这些问题，一个重要切入点就是要搞清楚“文化”二字，由此逐渐深入，摸清廉政文化的发展脉络。

国内外许多文学评论家都对“文化”一词展开了深入研究，通过对这些研究成果进行梳理，可以发现，当前“文化”主要有广义与狭义两个层次上的不同界定。当前，学术界对“文化”的统一理解是人类在社会实践过程所创造的各种精神、物质财富以及在社会实践过程中产生的全部意识形态与相关制度。具体到廉政文化，作为人类意识形态中的重要组成部分，其对于政治、经济、社会发展都具有重要作用。研究“廉政文化”时，要从广义和狭义两个角度理解“廉政文化”，从而厘清“廉政文化”的思想脉络。

通过对当前的资料进行梳理，在《仪礼·乡饮酒礼》中，最早出现了“廉”字，表述为：“设席于堂廉东上。”许慎在《说文解字》注：“廉，从仄。从广，兼声。”郑玄曾注曰：“侧边曰廉。”贾子也对“廉”字进行了解释，曰：“廉，棱也，引申之为清也，俭也，严利也。”通过对上述资料进行分析，《中华伦理范畴》一书对“廉”的概念进行了阐述，认为“廉”的原意为建筑中的某种概念，为大厅的侧面位置，具有直、棱、缩等特征，后来延伸为“诚、正、俭、敛、耻”等，逐渐成为一个重要的伦理范畴。段玉裁曰：“此与广为对文，谓逼仄也。廉之言敛也。堂之边曰廉。天子之堂九尺，诸侯七尺，大夫五尺，士三尺，堂边皆如其高。”随着时代的变迁，“廉”的概念被引入政治领域，并发展成为一种重要的政治伦理。

一、廉政文化的内涵

从“文化”一词的定义中我们可以看出，廉政文化其内涵包含的范围很广，表现出了多样性、丰富性的特点，在当前新时代背景下，廉政文化是一种全新的、相对独立的、专业的学科。然而，廉政文化的概念当前并没有得到统一，或者说廉政文化的概念相对模糊，无法准确地表述出廉政文化概念的内涵，也无法界定其概念外延。因此，就廉政文化的研究而言，关于廉政文化的概念还存在着许多争议，具体包括：

第一，廉政文化是廉洁奉公的理念。中央纪律检查委员会起草的《〈建立健全教育、制度、监督并重的惩治和预防腐败体系实施纲要〉辅导读本》中，阐释了“廉洁文化”的概念，具体而言，廉洁文化表现的是一种政治思想，其以联结的政治思想为内涵，通过多种不同的文化形式所表现出来的独特文化形态。因此，从这个角度上看，廉洁文化可以看作为廉政建设与文化建设的有机结合。对于廉政文化而言，其发展的重要基础条件是廉政体系，同时，廉政文化与廉政思想是廉政文化建设的方向与核心。而廉政文化建设的外在表现形式，是多种多样的廉政文艺。通过不同社交媒体的传播，能够引起社会各级的广泛参与，共同致力于廉洁文化建设，在整个社会范围内营造积极向上的廉政氛围。

第二，廉政文化，一方面表现为廉政行为理念，一方面被认定为一种文化反应。部分中央纪委的同志是这样认定廉政文化的，从概念上看，廉政文化具有丰富的内涵，其概念外延也相当广泛，极具特殊价值，或者说，廉政文化集合了廉政思想、观念、知识观、诚信观等多个内涵，在社会生活中，表现为廉洁从政的理念与相应的行为。廉政文化以优秀的、先进的廉政理论为发展的导向，以廉政思想与廉政制度作为发展的核心与基础，始终保持先进性与优秀性，其中，廉政文艺为廉政文化的外在表现形式。在发展的过程中，应当始终将廉政文化的重点放在“廉政”二字上，围绕这一核心、主体开展廉政文化活动。同样地，廉政文化作为文化建设与廉政建设的结合体，在我国现当代文化体系中扮演着重要角色。

第三，廉政文化是一个普世化的价值理念。清华大学的任建明教授就廉政文化作了如下表述：廉政文化是一种具有很强普遍性的思想或观念性的东西，在整个社会中，其是广泛存在的，是人类对于廉政等相关问题的理解与认识，我们能够直接通过人类的言行来感受廉政文化。任建明教授基于新时代的宏观背景，从经济学、哲学和制度经济学的角度来审视廉政文化的内涵和外延，阐明人们对“廉政文化”的态度，并认为廉政文化属于非正式制度的一种。由于廉政文化的非正式特性，廉政文化能够对人类的“廉洁”行为产生至关重要的影响，能够对人类如何判断“廉政”“腐败”等相关问题产生持久性的影响，能够限制人类的思想和行为。作为一种非正式制度，“廉政文化”可以极大地促进正式制度中的惩治腐败和预防腐败，可以进一步推动廉政制度的改革，有效提升廉政制度的落实与实施。根据任建明的观点，廉政文化具备三个特性，分别是：(1) 廉政文化的制度性。也可以叫作廉政文化的系统性。即廉政文化属于一种虚幻的制度，具有系统性的特点；(2) 廉政文化的独立性。实际上，一说到廉政文化，自然会想到他的对立文化“腐败文化”，这两个概念存在矛盾关系，却又彼此相互独立，相互排斥；(3) 廉政文化的外部性。从廉政文化的属性看，廉政文化属于公共产品的一种，更是“正义”理念、思想的外部表现。在得出廉政文化的特性后，任建明教授对廉政文化的结构进行了探析，认为廉政文化共包含三个层次，分别是：(1) 精神层面。这一层次也是廉政文化的核心部分，主要包含廉洁、耻于庸俗腐败、崇尚廉洁、抵制腐败等基本理念和价值观等几个方面的内容。(2) 制度层面。廉政文化制度是廉政文化建设发展的前提基础，主要涉及了宣传廉政思想的表彰制度、抵制腐败思想的教育制度、廉洁行为的规定与准则等等；(3) 物质层面。廉政文化的物质层面是廉政文化建设的载体，主要涉及廉政文化宣传广告、书画作品以及相关教育场所等等。①

第四，廉政文化是国家发展的重要产物。在研究和分析“廉洁的政府文化”的概念时，中国社会科学院亚太研究所研究员李文通过观察和比较廉洁的政府在东亚国家文化建设工作，，总结三个方面“廉洁的政府文化”建设：(1) 廉政文化是民族意识的创造和培养，能够反映出人民群众对国家是否认同，代表了人民群众对国家的归属感。因此，廉政文化对于弘扬、培养爱国精神具有重要价值；(2) 廉政文化一方面是传统宗教文化的继承，另一方面是新时代宗教文化的创新，是基于道德意识层面的自控和自律、自觉与反思，是宗教文化活动中产生的敬畏、高贵、神圣的感觉；(3) 廉政文化是体现领导干部、知识分子良好品行的重要表现。

第五，廉政文化是廉洁文化与正义观念的有机结合，是二者的辩证统一。浙江社会科学院的研究员吴光，选取了政治时局、政治伦理、政治政策和政治生产为出发点和落脚点分析“廉政文化”概念。并将“廉政文化”作为公平廉洁在政治形势、政治伦理、政策和政治制度四个方面的直观体现，在具体的实践过程中，实践应用取得了辩证统一的效果。具体到实践过程，廉政文化主要表现在下列四个方面，包括：(1) 营造公正的政治氛

① 苗乃春. 我国农村廉政文化建设研究［D］. 山西大学，2015.

围和局面；（2）官员树立了官德和私德的典范，树立了廉洁、清正、不贪、不淫的官德和私德；（3）制定并实施能够通过政治明确性赢得人民信任的政治措施；（4）建设以廉洁为核心的高效的法律、政治制度。根据吴光的观点，廉政文化应当属于政治文化的一部分。因此，从政治文化的角度出发，应当把“廉政”作为政治发展的核心内容，换句话说，廉政是政治发展的精神与形式，更是政治氛围、政治局面的制度与思想。同时，吴光对“廉政文化”的概念进行了深度阐释，确立了廉政文化的核心精神，全面落实廉政政治制度，完善廉政监督制度，针对腐败行为积极作斗争。

二、廉政文化的外延

针对廉政文化的外延，我们的文艺理论工作中有很多研究成果，但廉政文化的外延毕竟没有明确地定义，还没有形成较为完善、明确地理论体系。例如，杭州市纪委针对廉政文化建设问题发表了《试论廉政文化建设的现实意义》一文，在这篇文章中，对廉政文化的外延进行了总结，认为廉政文化的外延应当包含四种文化，分别是社会、政治、职业与组织文化。可以说，这个概念总体性地对廉政文化的外延进行了概括，实际上这个概念外延的界定与诚信文化的概念外延是存在重合的，并没有对二者进行明确地区分。

除此之外，我国许多社会学者与研究专家以及纪检监察制度都对廉政文化的内涵与外延进行了深度探讨。通过对大量的研究进行分析可以发现，我们已经取得了相当丰富的研究成果，为后续开展本领域的研究提供了许多经验与理论依据。例如，重视廉政文化教育功能的功能界定；注意廉政文化研究成果的现象性总结；关注廉政文化整合与发展的历史定义体现廉政文化与社会互动关系的社会取向。

无论从什么角度分析廉政文化的内涵和外延，都可以发现，其核心内涵与概念外延都是彼此相连的，并不是彼此孤立的，换句话说，二者之间的关系可以用密不可分来描述。具体表现为二者有许多共性，但出发点不同，侧重点不同。鉴于廉政文化资料的复杂性、无序性、广泛性和独特性，这是一系列似是而非的廉政问题，如何通过辩证思维和理性分析，更加明确地、更加精准地界定廉政文化的概念内涵，是当前社会进步发展过程中，我们需要持续共同思考的问题。

由于廉政文化的独特内涵与广泛的外延，使其既有一般文化属性，也有不同于其他文化的属性。对于廉政文化而言，为政服务是其最基本的要求，而这一基本要求决定了廉政文化相对于其他文化理念而言具有十分独特的特点。因此，为了尽可能地使廉政文化能够更加纯粹，避免廉政文化的概念被泛化，所有文化因素都不能被纳入这一范畴中。这是因为如果廉政文化被泛化，将会极大地限制廉政文化的推广，甚至可能会出现顾此失彼的情况。因此，从这个角度看，结合前人的研究成果，我们便能够进一步理解中央纪委的文件精神，同时能够得知，廉政文化的内涵一方面需要包含物质文明，另一方面也涉及精神文明与制度文明。

因此，如果用广义或狭义来描述廉政文化是不足的，廉政文化更多的是表现为中义。尽管廉政文化中包含精神文明和物质文明，但其并非完全包含，需要在廉政体系中将不属于廉政文化的内容剔除，增加廉政文化的集中度，保证廉政文化的内容和目的能够协调一致。因此，我们应该把廉政理论作为廉政文化的主导思想，以廉政思想与廉政制度作为发展的核心与基础，把廉政实践作为发展建设廉政文化的关键，把廉政文艺为廉政文化的外在表现形式与基本载体。

第二节　廉政文化的特征与功能

不同于其他的社会文化，廉政文化有其独特的特点。诚信文化的主要特点是自觉性、先进性，从横向上看，其具有广泛的思想文化；从纵向上看，其蕴藏着浓厚的历史渊源，同时具有十分多样的、多元的社会实践，是社会发展、经济建设、文化活动的重要组成部分，带有鲜明的功能性色彩。通过对廉政文化的特点与作用进行正确的认识，能够进一步明确廉政文化建设发展的目的与价值。

一、廉政文化的特征

从整体上看，廉政文化的特征表现出了较强的一致性，但是从细节上看，廉政文化则表现出了多样化和多元化的特点。通过对《全国廉政文化建设专题研讨班论文选编》（以下简称《选编》）展开深度分析，发现其中探讨廉政文化特征方面的文章6篇，文章中涉及的廉政文化特征为32个，其中重复的廉政文化特征有7个分别是：时代性、继承性、群众性或人民性、思想性、实践性、阶级性和先进性；廉政文化有11个单项，即新颖性、延展性、多样性、广泛性、丰富性、深刻性、道德性、针对性、文化性、有效性和规范性。

通过对《选编》中的廉政文化特征进行梳理可以发现，时代特征是高频词汇，共出现四次，而继承性、群众性与人民性则出现了三次；实用性、先进性则出现了两次。上述特征中，时代性、先进性以及新颖性都是针对廉政文化理念所提出的，继承性和广泛性都体现在廉政文化的内容上。实用性和多样性都表现在廉政文化的形式上；群众性以及人民性描述的是廉政文化的对象。而廉政文化在资源方面呈现多样性、丰富性；廉政文化的内涵体现了思想性和深刻性，廉政文化的价值取向体现了道德性、针对性、文化性、实效性和广泛性。

由于廉政文化的独特特征，使得其在形式上更加丰富，也包含更多内涵，涉及了许多不同的社会发展领域。将不同学科的不同文化优势有机结合，使廉政文化在不同的角度表现出了不同的特点。从矛盾理论出发，根据主要矛盾与次要矛盾的相关概念，具体到廉政文化，只有抓住廉政文化的主要矛盾，才能真正明确廉政文化的本质，而明确廉政文化的本质是开展廉政文化建设的前提。因此，只有正确区分廉政文化的主要矛盾与次要矛盾关系，才能使廉政文化建设更具有效性，进一步推动廉政文化的建设与发展。

二、廉政文化的功能

无论是廉政文化的功能还是廉政文化的功能，在整体表达上都有很强的一致性，差异相对较小。通过对《选编》进行研究分析，发现关于廉政文化的功能或廉政文化的功能的文章和发言有 4 篇，涉及廉政文化的 20 项功能（包括重复性内容），其中有 5 项功能是廉政文化反复出现的，分别是引导功能、凝聚功能、教育功能、监督功能和熏陶功能；除此之外，廉政文化还有七个单一功能，分别是：规范功能、约束功能、预防功能、激励功能、社会氛围功能、意识形态功能和审美功能。然而，通过对上述十二种功能进行分析可以发现，教育功能与教化功能是基本相似的，引导功能与激励功能之间表达得相对雷同。因此，我们可以发现，无论是廉政文化的研究者，还是我国各级纪委机关部门，对廉政文化的特点、功能认识是比较趋同的。由于《选编》的统计数据样本并不丰富，因此在对《选编》进行研究的过程中可能会出现一定的偏差，但这对于我们进一步理解廉政文化提供了一定的思考与借鉴。本次研究，不仅涉及不同专家学者的学术论文，还有各位领导的讲话，而且时效性强，创作者极具代表性。

从廉政文化的特征来看，不同时代产生的廉政文化内容具有不同的特征，同时，伴随着时代的发展，这些特征也会随之变化，因此廉政文化具有很强的时代性。从廉政文化功能的角度出发，如果想要使廉政文化能够充分发挥自身功能，就必须响应时代的号召、跟紧时代的脚步，使廉政文化能够与政治、社会、经济发展相适应，及时处理在实践活动中出现的新问题。从运动学的角度看。廉政文化的功能、廉政文化的符号与历史发展是相互运动的，或者说，二者表现出了很强的导向性。因此，根据上述分析可以得知，廉政文化的基本特征是时代性，而廉政文化建设的基本功能则为导向性。

第三节　廉政文化与廉洁文化辨析

伴随着社会的不断进步发展，我们对廉政文化的研究逐渐深入，因此也使得廉政文化的概念更加丰富。当前，梳理廉政文化的研究成果，可以发现清华大学的程文浩教授对廉政文化与廉洁文化关系的论述相当具有代表性。在其发表的《加强廉政文化建设需回答的几个问题》一文中，针对上述两个容易混淆的概念进行了明确地界定和辨析，并进一步从理论的角度进行了分析和探讨。程文浩先生认为，在廉政文化建设的过程中，需要基于一个大的文化格局，这个文化格局也就是廉洁文化。廉洁文化的服务对象是广大人民群众，具体在实践中，表现为对公民的职业道德与社会功能进行教育与引导，在全社会范围内营造诚实守信的良好氛围，进而达到约束社会公民的个人行为的目的。以此为基础，程文浩先生又对廉政文化建设工作展开了深入分析，主要围绕教育公职人员行使权力，教育广大人民群众积极反腐败、孤立腐败展开。

北京航空航天大学的教授任建明发表了《廉政文化建设若干问题探讨》一文，在文中，任建明教授针对诚信文化建设工作进行了深入的探讨。他认为，不仅仅政府部门以及公共部门需要对诚信文化建设问题进行关注，诚信文化的理念也并非不可能。在文章中，任建明教授对全国范围内各单位、系统开展的各项廉政文化活动、廉政文化建设工作予以了肯定，例如借助大众媒体发布公益性广告、编写廉政、诚信相关的书籍、对广大中小学生以及市民进行廉政教育等等。任建明认为，在全社会发扬正义的价值观，与腐败进行斗争对于社会进步与发展产生了积极影响。但是，任建明教授并没有区分廉政文化与廉洁文化的区别，在文章中，我们能够看到这两个概念是交叉使用的。

李文在《东亚国家廉政文化建设比较研究》一文中选取了东亚国家作为案例进行分析。通过对东亚国家的廉政文化建设进行分析，发现当前在廉政文化建设方面取得了显著成果的国家主要有日本、与新加坡两国，这两个国家通过廉政文化建设，有效地抵制了腐败。通过对日本的廉政文化进行分析，李文了解到日本人认为政府的行为是清廉的，因为日本人很少从事犯罪活动，日本文化是不容忍善与恶并存的。在日本人看来，“污秽”产生的源头是人的身体以及人类居住的场所，而“污秽”的产生与发展与人类的文化环境、社会环境紧密相连。随后，李文对新加坡的廉政文化进行了深度探究，发现就新加坡而言，廉政文化主要围绕“善恶”开展。（1）仇恶，新加坡人视公职人员和腐败为公敌。（2）良好的人民和干净的文化环境，这成为新加坡社会发展的重要基础条件。①

具体到我国，中央纪委十分重视廉政文化建设工作，对我国的江苏、浙江、山东、吉林等多个省市地区开展了调查研究，多次参与到各地的廉政文化建设中，并为各地区的廉政文化建设提供了指导，极大地肯定了廉政文化建设的重要意义。在全国范围内全面开展廉政教育工作，将廉政思想贯彻落实到各行各业、各个领域，例如在政府部门、各级企事业单位、各学校、家庭，都贯彻落实了“四有”教育工作。同时，充分将思想道德、社会公德、家庭美德、职业道德、个人品德的作用发挥出来，进一步弘扬社会主义核心价值观，深化其在社会进步发展中的重要作用。在营造社会氛围方面，强调“以廉洁公正为荣”的核心价值体系。

因此，在中央纪委的大力号召之下，全国各地区、各级政府部门、单位，都应当将廉政文化建设工作重视起来，充分做到以身作则，从自身做起，成为廉政文化建设的先导，充分发挥自身先锋表率作用，争取为社会的各行各业提供典范，在全社会营造廉政的社会氛围。例如，教育部门专门成立了工作小组，开展清廉文化为主要内容的小学和中学教育，从学生开始，提高中小学生的道德素质，帮助他们建立正确的人生观、价值观和世界观；全国妇联成立了廉洁文化宣传组，实现廉政文化由宏观到具体化，使廉政文化能够深入到每个家庭中。

阎群力所撰写的《构建廉政文化，遏制腐败文化》一文重点强调了廉政文化的概念。同时，阎群力强调，应当在廉政文化建设中引入现代的、多样的多媒体手段，开展丰富的宣传活动，同时应当创新“互联网+廉政文化”，使廉政文化能够与人们的生产生活结合更加紧密，使廉政文化建设活动能够更加丰富、多样。

总之，廉政文化和廉洁文化的差异主要体现在以下四个方面：从结构上看，廉政文化和廉洁文化是两个相对独立的个体。廉洁文化的定义远小于廉政文化的定义，廉政文化的内容比廉洁文化更丰富，廉政文化的功能相对于廉洁文化而言，更加广泛，从目标上看，相对于廉洁文化，廉政文化的目标也更加长远。其次，从宣传的角度出发，无论是廉政文化还是廉洁文化，在宣传过程中的基本理念都是一致的，实际上在宣传过程中，我们使用的都是廉政文化的理念，不会再使用廉洁文化的理念，避免出现概念混淆的问题。第三，

① 李文. 东亚国家廉政文化建设比较研究［J］. 浙江社会科学，2006（03）.

从概念的角度出发，我们能够发现廉政文化与廉洁文化的概念存在一定交叉，尤其是在使用过程中，常常出现使用重叠的现象，无法明确地将二者的概念进行明确区分，但是要知道这两个概念是基本相同的，但也存在着一定的不同之处。第四，从功能的角度出发，廉政文化的功能更加倾向于一种目的，廉洁教育是实现廉政的重要手段。例如，我们可以将诚信教育引入校园，对学生开展诚信教育，进而有效提升学生的思想道德，但在这个过程之中，促进廉政文化建设才是最终目的。因此，廉政文化与廉洁文化存在着许多共同点，但也存在着不同之处。廉政文化是人类在社会历史发展过程中产生的宝贵的思想精神，也是新事物出现发展过程中需要重点强调的基本特征。从概念的角度出发，遵循逻辑思维，明确区分廉洁文化和廉政文化的概念范围，即廉洁文化属于廉政文化；从思想上看，为展现“廉政”命题，遵循党的作风和廉政建设的要求，将影响和推动党风的思想文化建设，党政部门应当将廉政文化建设作为工作的出发点与落脚点。从教育规律的角度看，当今广大公民对思想政治教育存在不同程度的抵触情绪，在群众文化宣传教育中开展廉洁文化教育比开展廉政文化教育更为适宜。

如果一时不能统一分析和规划廉政文化和廉洁文化，还是可以用习惯性的提法。但在实际工作中，要有明确的建设思路，不能把两者混为一谈。无论如何，开展廉政文化建设工作，仅仅通过衡量廉政观念是否增强来判断廉政文化建设的成效是远远不够的。从长远发展的角度来看，深化廉政文化建设，能够在全社会营造防患于未然的环境氛围。

第四节　廉政文化建设的主要内容

不同社会阶层的内容是存在差异的。在中国思想文化体系中，廉政文化扮演着至关重要的角色，在不同的社会阶层中，廉政文化的特征与价值也必然存在差异。通常情况下，可以把廉政文化分为物质文化、制度文化与心理文化三个方面。三个方面是由外到内，由浅入深，这是一个循序渐进的发展过程。在人类社会中，文化是人类最大的行为准则，更是不可替代的、不可复制的。之所以廉政工作很难开展，主要原因在于“人的意识”。教育纪律、监督机制、方法措施是廉政文化建设的外部因素，这些外部因素并不会起决定性作用，只有受到内部因素的影响，才能发挥自身价值。

从结构上看，廉政文化共包含三个层次，分别是：第一，精神层面。这一层次也是廉政文化的核心部分，主要涉及了人们的文化素质、思想观念、价值观念等等；第二，制度层面。廉政文化制度是廉政文化建设发展的前提基础，主要涉及了宣传廉政思想的表彰制度、抵制腐败思想的教育制度、廉洁行为的规定与准则等等；第三，物质层面。廉政文化的物质层面是廉政文化建设的载体，以及与廉政文化建设相关的教育场所等等。在廉政文化建设的过程中，这三个层次是相辅相成的，三者是互相渗透密不可分的，在三者的相互影响下，共同构成了廉政文化建设的完整体系。①

一、廉政精神文化建设

这一层次是廉政文化建设的核心的部分，其能够对人类的实践与行为意识产生重要影响，具体而言，主要涉及人类的思想观念、个人素养、价值观念、道德观念等等，精神层面也是廉政文化中的标志性符号。

廉政文化所强调的精神文化，主要包括：公职人员的正义、廉洁、克己和公共服务意识，这是廉政文化的核心内容。廉政精神文化主要表现为公职人员在履行职责时所具有的行政观念和基本价值取向。在开展廉政精神文化建设的过程中，公职人员首先应当培养终身学习的意识，不断吸纳、更新廉政文化的相关知识，去其糟粕，将日常工作中落后的、陈旧的观念摒弃，树立正确的、科学的新理念。通过学习廉政文化的知识，不断用新的理念武装自己。要将“全心全意为人民服务”的基本工作理念贯彻到底，真正做到工作清廉、工作踏实，将为人民服务贯彻落实到日常工作中，将“权为民所用”“利为民所谋”的精神发扬到底。精神文化不仅是廉政文化建设的核心，更是廉政文化建设的软环境。尽管我们不能直观地感受到廉政理念对人思想与行为的影响，但是精神文化却能够有效营造廉政氛围，为廉政文化建设提供强大的精神保障。

（一）宗旨理念

廉政文化建设的核心内容在于“立党为公”“执政为民”“廉洁奉公”，这也是我们开展廉政精神文明建设的最终目标。其中，“立党为公”就是指中国共产党在执政时，必须严格遵守公平、公正、公开基本原则，始终不忘初心，“做人民的公仆”；“执政为民”主要针对国家行政人员，行政人员应当坚持贯彻“以人为本”的服务理念，在日常的行政工作中，将人民利益作为出发点与落脚点。“廉洁奉公”主要是指国家行政人员应当清正廉洁、廉洁高尚，忠实履行公职，在一切社会经济活动中为公共利益而献身。

---

① 姚木星. 财政机关廉政文化建设相关问题探讨［J］. 财政监督，2014（12）.

（二）公正理念

正义，也可以称作为公平，也就是正直、公正。本质上看，公正可以作为进行价值判断的重要指标，也是行政人员依法行政的基本要求。以正义为核心的制度体系，其约束力很强，对于处在该体系中的各类行政机构与相关的公职人员具有正向引导作用，同时对于不良行为的发生能够起到一定抑制作用，避免公职人员在执行公务的过程中产生私欲，导致个人的消极思想对公务执行造成不良影响。使公职人员能够在强大的约束下将诚实守信的基本原则坚持到底。

（三）效能理念

最初，“效率”的概念起源于经济学领域，在这里我们强调的“效率”，主要指行政效率。行政效率需要以上述的公正理念为基础，在此之上，实现效率与效益的协调发展。也就是说，要在高效益的同时，尽可能提高行政效率。这就要求行政体制在具体的实施过程中，应当进一步缩减中间环节，避免领导干部或相关公职人员在实施环节中出现以权谋私的现象。应当加大思想教育，使公职人员具备效能理念，摒弃传统行政文化中不良习惯对行政效能的影响。

二、廉政制度文化建设

实际上，制度对人的行为能够起到一定的限制与约束作用，通过不同的制度，能够调节不同的人际关系。例如在人们的日常生活中，需要有家庭制度来调节家庭关系、用婚姻制度来约束婚姻关系、用政治法律制度来为人的行为提供行为框架等等。在人类的社会实践中，不同社会组织的制度规范都属于制度文化范畴。

在整个制度文化体系中，廉政制度文化扮演着至关重要的角色，具体主要表现在公职人员的日常工作中。通过廉政制度文化，能够有效约束公职人员的行为，通过构建科学、合理、严谨的制度体系，最大限度地为“立党为公、执政为民”提供了保障。从制度结构的角度出发，主要包含三个方面。分别是：第一，规章制度。明确规章制度能够使公职人员按照规章制度进一步规范自身行为、履行个人职责，因此，规章制度在廉政文化体系中占据基础性地位；第二，行为准则。人类在公共活动中会形成特定的行为习惯，在一定程度上，这种行为习惯能够成为开展某种公共活动的基本准则，具有一定的约束性，但强制性不足；第三，职业道德。通过公职人员的日常工作实践，能够提炼出行政职业道德规范与道德标准，这是对公职人员提出的最高要求，因此具有较强的导向性。

伴随着现代社会的进步与发展，廉政制度文化也得到了极大地发展空间，在现代管理理念的影响下，廉政制度文化极具感染力与亲和力。在廉政制度文化中引入“以人为本”理念，能够进一步深化廉政体制文化的内涵，使其更具吸引力，进一步提升廉政制度文化的价值，使公共行政结构的适应性更强，在这种制度文化下，也会使公职人员在反腐倡廉方面更具弹性。在开展廉政制度文化活动时，应当将“换位”的理念作为基本原则，明确受众的物质需求或精神需求，科学合理地确定工作方案，这样能够进一步彰显廉政制度文化的人性化与亲和力，同时也使廉政制度文化能够更具说服力，最大限度地发挥廉政制度文化的功能与作用。

由于制度的基本特点包括系统性、全局性、长期性等等，因此廉政制度文化具有一定的过渡功能。在廉政文化建设过程中，通过廉政制度文化，能够将廉政精神文化从无形转向有形，因此，廉政制度文化也可以视为廉政精神文化的具体化。在廉政制度文化实施的过程中，需要加以廉政物质文化进行保障，其作为廉政制度文化的载体，随着廉政制度文化的不断发展而进一步丰富。

三、廉政物质文化建设

基于文化的视角出发，物质文化出现的根本原因在于能够满足人们的物质需求，也就是说，物质文化能够满足人类在日常生活中对“衣食住行”等方面的需求，其主要涉及人类的生产生活，囊括了人类的生产生活中，采用不同的手段将自然物质加工为各种器物，以及人类全部生产生活产品。因此，廉政文化体系建设需要以廉政物质文化作为基本保障。

实际上，无论是哪种文化体系的建设，都需要物质文化作为前提，需要以物质文化作为文化体系建设的载体，最大限度地发挥文化的作用。作为文化体系的一部分，廉政文化建设同样需要物质文化进行保障。基于马克思主义哲学，物质能够对人的意识产生决定性作用。因此，廉政物质文化能够对廉政精神文化的形成产生决定性影响。对于公共行政机构而言，其在开展廉政文化建设工作的过程中，需要通过物质文化对廉政文化建设活动进行管理，进而更好地达成廉洁行政的目的。通过物质文化的约束，能够使廉政文化的公正、效率等重要理念充分彰显出来。其次，意识对物质能够起到积极作用。对于公职人员而言，其属于廉政文化比重非常广泛的群体，受到廉政精神与廉政文化的影响，公职人员的廉政物质文化能够得到提升，进而使廉政管理能够更好地服务廉政文化建设。

在日常生活中，有许多常见的廉政文化建设的物质载体，例如广播、电视、网络、宣传栏等等，都是廉政文化的基本物质形式。为了能够确保廉政文化物质是科学的、可行的，廉政文化建设人员可以合理选择廉政文化内容，依据廉政文化内容选择最佳的廉政文化载体，这样一方面能够确保廉政文化内容的多样性，又能保证廉政文化载体的多元化。①

综上所述，在整个廉政文化体系中，最核心的部分就是廉政精神文化，廉政精神文化能够直接代表廉政文化建设的成果。具体而言，主要表现在下述几个方面，包括：第一，思想道德观念。对于党政干部而言其思想观念、道德品质、理想信念等都是廉政文化建设的重要成果。中国共产党党员是党的建设和发展的主力军。从中国共产党诞生之日起，共产主义就是我党坚定的理想信念，是我党建设发展的重要精神支柱。中国共产党在建设发展过程中，始终将“全心全意为人民服务”的基本理念贯彻到底。因此，在中国共产党优良传统的影响下，建设廉政文化，需要广大党员干部以身作则，通过不断学习进步，树立终身学习、长远发展的理念，树立远大理想，为增强理想信念、推进廉政文化建设不断奋斗。在长期的实践中，广大党员干部应当将自身的修养逐渐转化为政治实践，实现廉政精神文化从无形到有形的转变。第二，理论修养精神。党员干部的政治理论、政治素养等都是廉政文化建设的重要成果。具备良好的政治素养是一名党员干部贯彻落实廉洁从政理念的重要表现。广大党员干部应当坚持用先进的、科学的理念不断进行自我武装，提高政治免疫力与抵抗力，在坚定政治立场的基础上，追求更高水平的道德情操，将“严于律己，宽以待人”作为办事行事的基本宗旨，精准判断并明确“拜金主义”“享乐主义”等错误思想。第三，公共伦理的概念。所谓公共伦理，实际上就是公德与官德的集合。“公德”就是公民在日常生活中，在进行社会交往的过程中需要遵守的基本伦理规范，而“官德”则是针对党政干部提出的，即党政干部在开展公共管理活动过程中应当遵循的伦理规范。党政干部的伦理规范对社会及个人发展具有很强的引领作用。因此，在开展廉政文化建设的过程中，党政干部需要充分发挥自身引领作用，使广大人民群众能够对党政干部产生更多信任感，进而进一步增强廉政文化建设的影响力。在廉政文化建设发展的过程中，需要明确廉政精神文化、制度文化与物质文化三者之间的关系，这三者一方面是相辅相成的，另一方面表现出了相互制约的关系，整体而言三者呈现和谐发展的基本关系。

① 迟连翔. 中国廉政风险防控机制构建问题研究［D］. 东北师范大学，2012.

第五节　廉政文化建设的基本原则

全面推进廉政文化建设，应当将习近平新时代中国特色社会主义思想进行有机结合，坚持贯彻落实标本兼治、综合治理、预防为先等反腐倡廉的基本方针。将廉政文化建设工作落实到人民群众社会生活的方方面面，将廉政文化建设与社会主义精神文明建设有机结合起来。在全社会范围内，广泛宣传弘扬廉洁价值理念，进一步推动廉政文化活动的开展，营造廉洁的良好氛围，为开展反腐斗争、推进廉政文化建设打下重要的思想基础。

当前，面临新的发展形势、新的发展机遇，党开展廉政文化建设工作也面临着新的挑战，一些新的问题层出不穷，这对于中国共产党在新时代背景下开展党风廉政建设工作造成了许多阻碍。面临这一情况，应当进一步深化廉政文化建设，进一步提升廉政文化在全社会范围内的影响力，充分发挥廉政文化的功能。因此，这就要求，廉政文化建设需要遵循几个基本原则，包括：

一、统筹协调，服务大局

社会主义的建设发展，“发展”才是核心、关键。在社会发展中，廉政文化建设要与社会发展相协调，确保廉政文化建设的可行性、科学性。然后，应当将廉政文化建设与党的核心工作有机结合在一起，将廉政文化与政治建设、社会建设、经济建设与文化建设紧密结合起来。在开展廉政文化建设的过程中，应当发挥不同建设工作与廉政文化建设工作的相辅相成的作用，进而在促进廉政文化建设的同时促进各项建设更好地发展。具体而言：一是在政治建设领域引入廉政文化建设。各级党政部门需要充分发挥自身领导作用，深入学习贯彻习近平新时代中国特色社会主义思想，坚持贯彻落实标本兼治、综合治理、预防为先等反腐倡廉的基本方针。将廉政文化建设工作落实到人民群众社会生活的方方面面，将廉政文化建设与社会主义精神文明建设有机结合起来。在全社会范围内，广泛宣传弘扬廉洁价值理念，进一步推动廉政文化活动的开展，营造廉洁的良好氛围，为开展反腐斗争、推进廉政文化建设打下重要的思想基础。二是在经济建设领域引入廉政文化建设。这一点要求将政治经济发展进行有机结合，将廉政理念、思想逐步渗透到各行各业中，在促进经济更好发展的基础之上，推动廉政文化的进步与发展，进一步提升廉政文化在我国经济建设中的影响力。三是在文化建设领域引入廉政文化建设。一直以来，文化领域都是我们开展宣传教育的重要场所，也是我们开展廉政文化建设的主要阵地。通过在企业文化、校园文化、组织文化等领域中引入廉政文化，加强宣传教育，增强廉政文化对广大人民群众思想的影响力和号召力，使广大人民群众做好自律、自我管理、自我教育，践行社会主义核心价值观，积极反腐败。四是在社会建设领域引入廉政文化建设。社会建设是人类物质活动的重要载体，能够直观地表现出人的生活状态与行为模式。在社会生活中引入廉政文化，需要将廉洁的政府文化广泛地渗透到人们的先进的文化和教育活动，通过多种渠道以及多样化的途径，共同推进社会主义和谐社会的建设与发展。针对反腐工作的建设与发展，应当统一方案部署工作，构建与中华民族优良传统和谐一致的廉政文化体系。在廉政文化建设内容方面，应当使内容尽可能地与群众的实际生活相关联，做到情理结合，以德动人。此外，应当突出廉政文化建设内容的先进性与科学性，做到雅俗共赏，使廉政文化建设工作富有成效和穿透力；在开展廉政文化建设活动时，要注重理念、方法等方面的更新与创新，应当紧跟时代的步伐，进一步提升廉政文化的亲和力与影响力，在全社会建立起廉政文化的有效机制，将廉政文化建设转化为党政工作的行为标准规范。

二、以人为本，统筹兼顾

改革开放之后，我国便始终将“以人为本”的理念作为开展各项社会活动的方略与准则。伴随着时代的不断变化，廉政文化应当在坚持以人为本的同时，结合社会发展实况，深度发挥广大干部群众在廉政文化建设中的主体性作用，用科学的知识文化、先进的理论观点来不断进行自我武装，进一步提升自身文化素养，使领导干部能够在工作中，能够在政治上保持廉洁的思想与行为。“以人为本”既是其基本原则，也是其廉政文化建设的终极目标。在整个廉政文化建设活动中，要从不同角度正确把握人民思想，了解不同阶层、不同层次的思想状况，采取恰当的教育手段，确保教育内容具有针对性、教育方法具有科学性。

“统筹兼顾、协调统一”是针对廉政文化建设模式提出的，也是推动廉政文化建设的动力引擎，能够使不同岗位的员工做到各司其职，在明确发展方向的基础上，明确自身权责。针对与廉政文化相关的全部资源，能够进行统一管理、统筹安排，充分发挥廉政文化建设过程中“文化”的媒介作用。将廉政工作与日常的政治、经济、教育等领域的工作相结合，进而将廉政文化建设的基本理念渗透到社会的方方面面。从而能够在社会范围内形成以“廉洁为荣”的正确价值理念。因此，在廉政文化建设过程中，各级党政领导干部要积极发挥好模范带头作用，通过深入学习来不断提升个人的文化素养，规范自己的一言一行，使自己能够成为廉政文化建设中的主力军。广大干部应当深入到群众的日常生活中，积极参与群众的社会生活，做好领导与群众之间的桥梁，明确人民群众内心的真实想法与客观需求，坚持将人民群众的利益作为出发点，进一步提升人民群众对中国共产党、对政府、对领导干部的认同与信任。领导干部应当将“立党为公、执政为民”的思想贯彻到底，真正做到扎根群众为群众服务，在社会范围内，营造廉洁氛围，使我国的廉政文化能够走出国门、影响世界。同时，应当加大对群众的宣传教育，使群众能够正确认识、理解、认同、贯彻廉政理念。

三、突出重点，面向社会

应当使廉政文化建设的影响力得到充分发挥，充分彰显廉政文化在社会发展进程中的作用，这就要求必须将党政机关以及相关的领导、干部作为廉政文化建设的主要对象。同时，在开展廉政文化建设的过程中，应当做到面临全体群众，采用多种方式结合的方法，将廉政文化渗透到社会的方方面面，进一步突出廉政文化在各行各业的影响，进而在社会范围内形成良好氛围，这样能够为更好地开展反腐败工作打下群众基础。怎样判断党是否具备优良的作风呢？如何判断社会作风和民风民俗是好是坏？这里的关键因素就是腐败。一直以来，中国共产党都是我国社会发展的引领者，决定着中国社会的发展方向，是中国社会发展进步的核心力量。加强党风廉政建设，是我国开展党风廉政文化建设的关键一招。在开展廉政建设活动的过程中，最核心的问题就是如何处理好中国共产党的问题，只有处理好这一问题，才能实现廉政文化建设的普及化与推广化。在发展中国特色社会主义的过程中，中国共产党始终坚持“立党为公、执政为民”的原则理念，这也是每个共产党员在日常工作中坚持的底线。作为社会的主体，群众的利益高于一切，因此，将广大人民群众的根本利益作为开展一切活动、工作的落脚点，发展党员干部的带头作用，进一步提升人民群众对党的信任感，为廉政文化建设建立良好的群众基础。因此，在廉政文化建设过程中，最关键的任务就是党风廉政建设。

在进行党风廉政建设的过程中，需要充分发挥群众对党员的约束作用，使党风廉政建设能够真正做到为了群众、面向群众，充分发挥党风廉政建设的社会性。在这里，主要采用宣传教育的方式来开展廉政文化建设。首先，应当明确开展宣传教育的对象，确定教育内容并选择教育方法。不同于社会廉政文化建设，党内建设有其独特的特点，因此，无论是在对象还是在内容上，二者都存在着较大差异。从中我们也可以得知，除了党内廉政文化建设以外，社会风气也是廉政文化建设的重要内容。实际上，廉政文化建设是非常全面的、与时俱进的，无论是党内还是社会，根本目的都是在全社会范围内营造廉政的氛围。具体到建设过程中，如果只注重小环境而忽视整体环境，就很难形成有廉政氛围的生活氛围，也很难在廉政文化建设中发挥应有的作用。因此，在开展党风廉政建设的过程中，也要注意廉政文化建设的社会性，除了在政府部门、机关单位开展廉政文化建设之外，在学校、社区、家庭等场所也要注重廉政文化建设。从实践中不断总结经验，探寻发展路径。通过开展不同角度、不同层次、不同类型的廉政文化活动，将廉政活动与各项建设活动结合在一起，进而使建设方法、建设内容、廉政文化建设的途径和手段要贴近社会实际生活和社会大众。因此，不断提高廉政文化的广泛性、深度性，同时充分彰显廉政文化的思想性与科学性，在新时代掀起廉政文化建设的热潮。

在廉政文化建设的过程中，最核心的内容就是关于价值观念与政治道德的建设问题，在面对不同的受众对象时，采取的教育方式应当存在一定差异。对于党员而言，“奉公守法”是最基本的要求，是其一切言行的基础与标准。廉政文化建设需要按照不同行业特点，有针对性地将廉政文化的理念与观点渗透到各类文化产业建设中，使廉政文化建设能够更具广泛性，使各行各业的标准能够更加规范化，使广大公职人员和普通群众都能拥有廉洁的价值观念和诚信的信念。

在针对不同受众开展廉政文化宣传教育活动时，要科学选择宣传教育的方式、途径、方法和内容，确保廉政文化宣传教育工作有的放矢、及时到位，让清正廉洁的理念得到广大受众的认可。因此，具体到廉政文化建设活动的实施，应当结合不同对象的特点、工作、目的等采取不同的方法与手段，从而做到从不同角度、不同层次、不同渠道对广大人民群众、党员干部开展有针对性地廉政文化建设活动。同时应当采取有效地手段，使廉政文化活动能够进一步融入人民群众的日常生活中，使人民群众能够明确廉政文化的重要价值，明确廉政文化建设的益处，进而引导、鼓励人民群众积极投身到廉政文化建设活动中，增加群众与党员干部之间的沟通与交流，打造富有中国特色的廉政文化体系。

四、与时俱进，继承创新

中华民族有五千多年的发展历史。在这五千多年中，中国经历了不同的历史阶段，不同的历史阶段对应的文化内容是不同的。① 廉政文化凝结了我国古代劳动人民的智慧，是重要的世界文化遗产。伴随着时代的发展，“与时俱进”成为时代发展的基本要求，步入

① 丁奇. 党的十八大以来廉政文化建设研究［D］. 中共江苏省委党校，2019.

二十一世纪以后，中国在各方面都取得了巨大的进步。但是，通过梳理历史可以发现，一直以来，“廉洁”和“公正”是中国人民持续追求的一种崇高理念，无论是崔与之的以菊花表明清廉之志、周敦颐的“爱莲之出淤泥而不染”都表达了对廉洁的崇尚。因此，在开展廉政文化建设的过程中，应当注重将廉政文化活动根植于中华优秀传统文化中，同时结合新时代的理念与观念，在做好文化继承的基础上，促进优秀的传统文化更好发展，使廉政文化建设能够与时俱进，紧跟时代发展的步伐。

廉政文化是中国优秀传统文化的具体化展现，是开展廉政文化建设的思想基础。实现传统文化与廉政文化的结合，要提前梳理和挖掘中国传统文化，从中汲取传统廉政文化的精华，充分展现廉政文化的独特魅力，使廉政文化能够充分发挥自身影响力。当前，我们正处在一个空前发展的时代，那些守旧的、不符合时代要求的观念将会被时代淘汰。伴随着改革开放政策的提出，中国社会出现了许多外国的先进文化，中国特色社会主义也面临着空前的挑战。步入二十一世纪，中国也步入了一个新的历史阶段，而廉政文化建设也在风云变幻中开启新的机遇。它学习吸收了国外一些适合中国社会发展的优秀先进廉政文化，在中华优秀传统廉政文化的基础上进行改革创新，实现了传统文化与外来文化的结合、传统文化与现代文化的结合，无疑不展露出中国文化的独特魅力，在世界范围内彰显了中国廉政文化的影响力。

五、务求实效，重在建设

通过对廉政文化建设进行深度分析，能够明确其基本规律、发展动态，进而明确廉政文化建设的基本方略与一般思路，选择恰当的建设方式与建设模式，使廉政文化建设能够更具科学性，同时也使廉政文化建设能够更加符合时代特点，更加贴近人民群众的实际生活。作为文化工作与廉政工作的有机结合，廉政文化一方面具有浓厚的政治色彩，一方面展现出了浓厚的文化内涵。通过“文化育人”的手段，能够进一步提升廉政文化在全社会的号召力，潜移默化地形成完整、连贯、全面的廉政文化发展体系，使其能够与日常生活的各个领域进行有机结合。同时，“求真务实”是有效路径，整个建设过程中应避免虚张声势和“填鸭式”灌输。廉政文化的宣传教育要通过科学、合理、温馨、人性化的宣传，增强廉政文化的吸引力和感染力，达到“润物细无声”的效果。

因此，从这个角度看，廉政文化发展，关键之处还是在“建设”二字，这是因为只有通过实践的检验，才能判断廉政文化建设是否是正确的、科学的。通过在全社会开展廉政文化建设，使广大公众成为廉政文化的建设者和促进者，进而在整个社会范围内，打造良好的廉政文化建设氛围。

六、依次展开，逐级递进

从系统论的角度看，无论是何种事务，都是存在不同层次的，廉政文化当然也不例外。具体到廉政文化建设，其并不是简单的、单一的过程，而是呈现出循序渐进的特点，只有采用这种建设模式，才能取得最终的成功。而采用这种建设模式，也是开展廉政文化建设的重要基础。这是因为，开展廉政文化建设必然是存在一定目的性的，我们不可能盲目地开展建设活动，必然是有针对性地开展活动。因此在进行廉政文化建设的过程中，需要按照一定的顺序与步骤，需要遵循一定的逻辑。通过对廉政文化进行分析，能够发现廉政文化共包含三个层次，包括：第一层次需要率先解决廉政文化建设过程中遇到的基础性问题。这一层次也是最基础的层次，就像住房建设中的“奠基”，“根基不牢，地动山摇”。如果地基不牢固，那么上层建筑也必然会存在倒塌的风险。因此，解决好第一层面的问题才是开展廉政文化建设的关键之处。正是马克思主义和中国共产党几代领导人提出的科学的理论与观念，为廉政文化建设提出了鲜明的发展方向。作为廉政文化建设的核心内容，“执政为民”凝聚了中国共产党几代领导人的智慧与经验。

第二层次的重点在于处理好廉政文化建设活动的实施方法、实施途径方面的问题。由于我们处在一个崭新的时代，如果单纯地使用传统教育方法，已经不能与当前的新时代相适应，单调和乏味的教育方法很难吸引大众的注意，这使得它很难开展廉洁的政府教育的工作。因此，要运用现代、开放、多元的教育手段，从不同的角度、不同的层次开展廉政文化宣传教育活动。

第三个层次涉及廉政文化建设活动中存在的细节。在明确了发展方向、确定了发展方法与建设途径之后，就相当于已经基本建立了廉政文化建设的框架。而在这一层次，则需要采用深入探讨的方式对框架中的细节性问题进行分析与研究，同时需要与中国的实际情况结合在一起，确定科学、合理的建设方案。

第二章 我国廉政文化建设的核心思想

第一节　马克思主义指导下的廉政文化建设

可以说，在新中国成立以后，中国就已经将马克思主义作为开展社会主义建设的指导性思想，同时，经过了中国共产党几代领导人的努力，提出了许多与时俱进的先进思想。在廉政文化建设过程中，马克思主义思想是贯穿整个建设过程的，或者说是廉政文化建设的灵魂。因此，每一个相关人员都应该肯定、认同马克思主义在廉政文化建设过程中的重要价值与地位。马克思指出，无论哪个时代，其思想都以统治阶级思想为中心。因此，无论是哪个国家，其统治阶级的使命都是维持统治阶级的统治，因此需要尽可能创建出符合统治阶级意志的意识形态。从人类发展、社会发展的角度出发，无论是哪一个历史时期，廉政与腐败都是一对十分突出的矛盾，当然也不可避免地成为马克思主义研究者关注的重点问题。马克思基于无产阶级，对建设廉洁政府等相关问题进行了深度的考量，成为后续的理论研究与实践活动的重要指导思想。在马克思与恩格斯之后，列宁继续发展了廉洁政府的思想，并重点阐述廉政建设的基本原则，为社会主义国家开展廉政建设提供可靠的理论依据。

在中国社会发展中，中国共产党高度关注党和政府的腐败问题，把它作为中国共产党长期发展建设的重点和落脚点，把马克思主义作为党风廉政建设的指导思想，从中国社会实际出发，根据中国革命和中国发展的实际情况，聚焦革命政权腐败问题，探索廉洁自律、拒腐防变等廉政理念发展思路。在建设发展过程中，我们将不断总结廉政文化建设活动中取得的经验教训，凝聚了中华民族优秀的传统文化，并吸纳了中华民族在历史发展过程中取得的优秀文化，打造了具有中国特色的廉政文化体系。而随着这一系列指导思想的丰富，中国廉政文化的建设内容得到了有效地延伸和拓展。党的十九大以来，党中央研判新时代、新形势，针对廉政文化建设提出了新要求，并在此基础之上，进行了系列论述与决策，进一步明确了廉政文化建设的方向，为新时代廉政文化建设指明了方向，奠定了坚实的思想基础。

一、马克思、恩格斯的科学预设

最早对“廉政”这一命题进行探讨的学者就是马克思与恩格斯，他们对多个国家的政治理论进行了深入分析，试图通过深入研究来探寻廉政建设的方向与路径，在反复尝试中寻找正确的思路，结合人类社会中出现的各种腐败现象，提出了许多能够规避腐败的策略，同时对廉政建设进行了科学的预想，为后续廉政与腐败的斗争提供了一定经验。

（一）马克思、恩格斯的廉政思想

1. 探寻腐败现象的根本

马克思认为，人类的全部行为都需要从其社会关系中进行寻找，也就是说，人类在社会生活中所表现出的全部行为，其目的都是为了获得某种利益需求。这里，行为主要指人类在社会生活中需要进行的物质生产生活方式。从哲学的角度出发，人类的社会生产活动主要会受到自身意志的影响，换句话说，在不同阶段，人类的物质生产力与之产生的关系就是人类在此阶段的社会经济活动结构。在人类的物质生活中，人类的物质生活方式需要受到社会的约束。实际上，人的意识并不会决定人的存在，反而是因为人类拥有社会存在因此对人类的意识造成了影响。如果社会发展水平达到一定程度，就会导致出现生产关系矛盾。同时，伴随着社会经济水平的不断提升，基于社会经济的上层建筑也会随之发生改变，因此，从这个角度出发，马克思在对腐败等相关问题进行分析时，并没有单纯地从腐败本身出发，而是透过腐败来考量与腐败相关的社会关系，以及国家权利等等。在人类进步发展的过程中，腐败的发生却并不是同步的。例如在原始社会，由于当时人类的生产水平还相对较差，因此不会产生剩余产品，而如果没有剩余产品，那么自然也不会产生腐败现象。但是，随着社会经济水平的不断提升，生产力得到极大地提升，生产力的提升不仅能够满足人类的基本生活，同时也产生了许多剩余产品。剩余产品的出现催生了私有制社会的出现。在公共组织中，部分成员会受到个人私欲的影响，利用自身职务之便，将公共活动中产生的公共财产侵吞，最终造成了腐败现象的出现。随着私有制社会的逐渐发展，这种腐败现象也越来越多、越来越严重，成为影响人类进步的重大阻碍。在国家飞速发展的同时，腐败现象也逐渐频发，同时，为了能够满足一己私欲，统治者也会通过自身权利来将公有财产私有化，造成腐败的进一步蔓延。面对这种情况，马克思认为，对于中央集权国家，受到其政治体制的影响，政府会对各级权力机关进行控制，掌握其职权。在这种控制之下，伴随着经济的不断发展，政治性质会发生变化。同时，工业社会的发展导致资本主义与劳动生产力开始彼此独立，而这就造成了国家政权性质开始出现变化，一些资本家会成为国家政权的真正掌控者，进而形成以资本主义为基础的奴隶社会，使国家成为阶级统治的工具。在资产阶级社会中，资产阶级的统治导致各种各样的社会政治参与到政治统治中，工商业得到极大地发展，而接踵而至的就是金融危机。马克思揭示了资本主义制度腐败的根源。

2. 消除滋生腐败的环境

在马克思看来，资本主义的最典型的制度就是生产资料的私有化、对劳动者的压迫与剥削者的剥削。而从中我们也能够发现，资本主义制度是非常不合理的，甚至可以说是非常不科学的。受资本主义制度的影响，社会的全部公共财产都属于垄断财产，都是政府官员的私人财产。政府并不代表大部分人的利益，仅仅被少数人所控制，这就使得国家的公共权利出现了异化，为腐败现象的出现创设了良好环境。面对这种情况，如果想避免出现政权腐败的问题，就必须改变资本主义制度，重新创造新的国家制度。正如马克思所说的那样，当权者正在利用工人阶级来实现自己的私欲，因此，工人阶级应当突破这种现状，勇于与资产阶级政权进行斗争。

随着巴黎公社运动的爆发，马克思总结了其中的经验，并以此为基础，针对工人在与资产阶级进行抗争后，需要成立一个能够取代阶级统治的共和国。巴黎公社就是最典型的代表，其就是围绕工人阶级、以工人阶级为核心的政治权利形式。巴黎区通过普选产生市议员，这些当选议员可以随时罢免。其中，大多数市议员是工人或工人支持的工人阶级代表。公社是共和制度，是实践制度，不是会议制度。它集行政与立法两大功能于一体。在这里，警察的政治职能消失，不再作为中央政府执行权利的工具，人员的任免只有公社负责。同时，国家与城市的管理权力也移交至公社，公职开始具有真正地公共意义，不再是政府部门的私有财产。因此，巴黎公社创造的政权是与以往凌驾于人民之上的政权完全不同的。由于其强调的是公有制，因此能够使人民共同享有公共权利，从根本上扭转了以往国家、社会、人民之间的关系。

3. 避免“公仆”变“主人”

通过对世界各国的发展历史进行梳理可以发现，各国都存在着一个较为普遍的问题。即如果是夺取政权，那么人民群众便可以团结一致，共同奋斗，将人民的利益放在首位，通过多种手段来为人民群众谋取福利，在人民群众面前树立起“公仆”的形象。但是，一旦成功夺取政权，便会将这一“公仆”的形象抛弃，甚至会开始欺压人民群众，反而成为人民群众的主人。对此，恩格斯也表示这仿佛是任何国家、地区都不可避免地问题。为了能够有效规避这一问题，巴黎公社提出了两项针对性措施。首先，强调普选机制。也就是说，所有公职人员都是通过选举确定下来的，如果选民不同意，可以随时改变人选；其次是同薪同酬。也就是说，无论处在何种职位，公职人员的工资都是相同的，这是为了避免出现部分人产生“升官发财”的心理。当然，巴黎公社提出的这两项措施也得到了马克思的高度赞赏。

4. 建立廉价政府

马克思认为，在资本主义制度的约束下，资产阶级能够控制国家权利，而无论是军队还是警察，抑或是政府官员，都会成为其控制国家权利的手段。受到个人私欲的控制，军队、警察、官员利用权力牟取私利，国家权力成为“苛捐杂税、巨额国债”的温床。资本家和劳动者的对立关系趋于明确，两者之间的矛盾日益增加。从本质上看，资本主义国家权力逐渐演变为压迫劳动力的资本主义国家权力，最终集合到一起成为了压迫人民、奴役人民的力量，而这股力量也成为资本主义进行统治的重要工具。为了能够扭转这种局面，“廉价政府”便应运而生。在巴黎公社运动期间，便成立了“廉价政府”，对此，马克思予以了高度认可，并提出公社成立的“廉价政府”是完全符合资本主义革命的宗旨的。这是因为，廉价政府的出现导致资产阶级政府中非常重要的支出项目被取缔，廉价政府的出现为共和国的成立奠定了坚实的基础。马克思曾经设想过，如果全部城市都能按照公社的实践，那么当地的资本主义政府将没有能力限制公社运动的发展。“廉价政府”能够成为实现社会解放目标的有效途径。对此，马克思也表示，在最初成立政府时，就应当开展政治改革与经济改革，贯彻节约理念。

5. 民主选举和罢免政府官员

针对民主选拔，马克思也是非常赞同巴黎公社的做法的。公社采用了民主选拔、罢免制度对当地的政府官员进行筛选。巴黎公社运动发起于 18 世纪 70 年代，当时的无产阶级通过投票选举的方式成立了巴黎公社负责对这场运动进行领导。当时，当选的代表主要是工人阶级代表，这些代表在当地的工人团体中非常有威望。在日常生活中，这些代表对人民群众也是极为负责的，他们的言行举止都会受到选民的监督，如果不能满足民意，随时可以通过投票的方式被罢免。马克思认为，这种选举与罢免的方式是史无前例的，能够充分彰显出工人阶级渴望挣脱资本主义束缚的愿望。

6. 提高党内党外监督力度

马克思对于权力的监督是予以高度重视的。在对巴黎公社运动实践进行经验总结的过程中，马克思也对巴黎公社采取的监督举措表示了认同。在他看来，巴黎公社完全基于人民，将公职人员置于公共、面向公众，能够使公职人员受到人民群众的监督，避免出现此前公职人员成为人民的问题。马克思指出，人民群众一方面需要对公职人员的言行进行监督，同时也要监督党内活动。为了能够进一步加大监控力度，无产阶级政党应当确定代表大会的重要意义，使党代会成为党内监督的核心机关，中央机关也需要受到党代会的管控与监督。马克思在总结了巴黎公社运动取得的经验与成果后，起草了《国际工人协会共同章程》，并得到了一致通过。大会设立了中央委员会负责执行大会的监督职能。

7. 推行政务公开

在巴黎公社中，绝大多数政务都是公开状态，极大地提升了政务的透明度。因此，巴黎公社将政务公开作为了根本政治制度其中的一项。这样能够有效规避腐败现象的产生。在巴黎公社中，各级社员与领导都需要积极参与到选民大会中，一方面需要听取他人的意见；另一方面需要将工作成果展示在群众面前，接受人民群众的监督。同时，巴黎公社还出版了报刊，在报刊中不仅刊登了一些军事消息，同时也公布了会议记录，使人民能够更加了解巴黎公社活动的基本情况。马克思指出，采取这一措施能够有效避免公职人员出现腐败现象。

（二）马克思、恩格斯廉政思想的当代价值与意义

在马克思对无产阶级运动进行思考的时期，无产阶级并没有在全国范围内得到推行，这些毫无报酬的制度也不是全国性的，同时，受到当时社会环境的多种因素的影响，巴黎公社运动并没有获得胜利，并且存在的时间也十分有限。再加上马克思与恩格斯在当时仅仅是尝试性开展无产阶级斗争，建立无产阶级专政，因此二者关于廉政建设的思想主要表现为原则性的阐述，并没有就具体问题进行具体分析，同时也没有对相关理论进行实践验证。但是，必须承认的是，马克思、恩格斯所提出的观念为中国开展反腐败斗争、建立廉洁政府提供了重要的思想经验，并贯彻落实于廉政文化建设中。

1. 从思想理论建设入手，是提升人民群众的抗腐败能力前提基础

马克思、恩格斯提出的廉政思想是当前开展廉政文化建设的重要思想基础。马克思指出，物质力量的毁灭只能由物质力量来实现，但是如果是理论，如果理论得到了群众的认可，那么便实现了从无形到有形的过程。因此，只要理论是深入的，那么便能够说服人，

能够赢得群众的赞同，进而便能够控制群众，为群众的行为提供方向。因此，在马克思看来，无产阶级应当抓住理论的优势，通过科学的理论来做到对个人言行的约束与限制。通过开展思想理论建设活动，用先进的理论知识武装人们的头脑，能够有效提升个人文化素养，帮助他们树立正确的人生观，进而使他们能够进一步提升抗腐败能力。

2. 加强监督是避免腐败蔓延的关键措施

腐败与利益、权力密切相关，权利在一定程度上是可互换的。如果当权者利用自己的权利牟取私利，就会导致腐败。为了避免当权者滥用权力，有必要对当权者的权利进行监督和控制。实际上，权力的出现必然要伴随着监督，例如，孟德斯鸠便对权力与监督的关系进行了阐述，他认为：但凡人人都有权力，就将导致权力的滥用和为了避免权力的滥用，就必须利用监督，来对权力进行约束。

马克思选取了人类发展过程中发生的部分代表性活动进行了深度研究，同时结合了巴黎公社运动取得的经验与成果，提出了应当加大对权力进行监督的重要思想。实际上，具体到实践应用中，这种监督主要存在着三种功能，分别是：第一，监督能够起到预防与警示的作用。通过强化权力监督，能够使当权者保持警惕，使其能够不敢轻易翻过底线，出现腐败行为，从而能够起到一定的预防作用。第二，监督具有亡羊补牢的作用。在监督过程中，可能会出现各种违法乱纪行为，针对于这些行为，可以制定不同的处理方案，进而尽可能削减腐败行为所带来的不良影响。第三，监督具有督促与完善的功能。通过监督，我们能够及时发现问题，进而能够总结经验，查缺补漏。

3. 政务公开是提高权力运行透明度的有效保障。

当权力运行的过程被隐藏或封闭时，必然会导致腐败的出现和蔓延。腐败不仅是违反社会公德的，更是触及法律底线的。绝大多数的腐败现象都是暗箱操作的，因此具有一定的隐蔽性。但如果能够使权力运行过程进一步被明确，提高权力运行的公开度，则能够有效去除这种隐蔽。

4. 完善选举制度是推进权力民主化的根本保证。

完善选举制度主要通过下述几个手段来实现，包括：第一，通过选举的方式，选择社会上比较有威望的清廉正直的候选人，确保其能够真正代表人民群众的基本利益，使国家权力属于广大人民群众；第二，实行能与选举制度相协调的监督制度，清除徇私舞弊、滥用职权的公职人员；第三，拓宽公民参与范畴。鼓励、引导公民的广泛参与，使广大人民群众能够积极投身于廉政建设中去。

5. 加强领导队伍建设是预防“公仆”变“主人”的关键一步

马克思、恩格斯总结了巴黎公社运动的经验，得出“防止国家和国家机关由公仆变为主人”的论断。通常情况下，如果后续条件允许，“公仆”很有可能变成“主人”，在后续领导干部可能会出现以权谋私的行为，为了避免出现这种情况，必须要加强对领导干部的教育，提升干部素质，提高领导干部的抗腐败能力。在开展干部队伍建设过程中，可以从干部的任选、罢免等环节入手，同时加强监督力度，提高管控强度。

马克思、恩格斯得出的廉政思想是基于科学社会主义的探索与实践经验而得出的，同时，在充分吸纳了乌托邦主义的精华后，充分结合了社会发展的特点与规律，基于历史唯物主义，针对工人阶级的廉洁治理问题提出了合理的推断。

二、列宁时代的制度设计

在马克思与恩格斯提出了关于廉政等方面的思想与观念后，逐步形成了马克思主义廉政思想，在此之后，列宁对这一思想进行了发展，充分结合了社会主义的特点，将其提升到了一个全新的层次。列宁选择以无产阶级革命为基础背景，通过对比无产阶级革命与帝国主义之间存在的利益关系，进一步深化了马克思主义廉政思想，在继承社会主义思想的基础上，继续发展、深化了社会主义思想。同时，通过对帝国主义进行深度的分析，进一步揭露资本主义制度的弊端，并指出了资本主义出现腐败是不可避免地，分析了帝国主义的灭亡，并结合苏维埃国家机关的特点，提出了廉政文化建设的相关思想原则。

（一）关于干部队伍管理的制度

根据列宁的观点，党员干部决定着苏维埃政权能否建设成功，是共产党政策、方针的执行者。十月革命胜利以后，为了能够避免共产党在获得执政地位后，利用自身权利以权谋私，为了尽可能地维持党政机关的廉洁性，列宁针对干部管理问题专门提出了“反对党内特殊性”的要求。在列宁的大力倡导下，1917 年年末政府正式通过了针对政府公职人员的薪资等方面的决定，在文件中对党和政府官员的工资进行了规定，要求将政府官员的工资下调。为了避免出现任人唯亲等腐败现象，列宁又出台了《不容许亲属在苏维埃机关共同供职的法令》。1919 年，俄国共产党召开了八大，对党内领导干部进行了严格要求。要求党员干部应当按期开展基层工作、党员干部的生活条件应当按照普通工人的基本标准。除此之外，列宁又出台了许多法令，包括《关于苏维埃职员的劳动口粮和粮食定量问题的决定》《关于合理分配劳动居民住房的办法的法令》等等。

十月革命以后，列宁又起草了《罢免权法令草案》。法案中规定，人民有权罢免或更换对社会主义事业造成破坏的公职人员。无论是选举大会还是任何选举机构，必须要被赋予罢免代表的权力，才能够真正地说其是民主的、才能说是代表了个人的意志。只有人民能够行使罢免权，才能使人民真正地享有自己的权力。同时，在进行干部选拔的过程中，列宁主张应当秉持公开、公正的基本原则。列宁认为，既然工农国家人民群众才是国家的主人，那么就应该使干部选拔更加公开、更加广泛，才能选择出最适合投入到经济建设、国家建设中的公职人员。除此之外，列宁对清除党内腐败分子的相关工作也十分重视，1919 年，根据俄共八大决议精神，在全国范围内对党员干部的信息进行了重新登记，凡是被举报有贪污腐败现象的党员干部，均被清除出党。两年以后，俄共实施了新的经济政策，面对党内可能会受到资本主义影响的情况，俄共再次开展了大规模的党内清除活动。在这次清除活动中，被清除的党员数量几乎占据全党人数的 25%。尽管通过开展清除活动使党的规模出现了缩减，但是却极大地保证了党的纯洁性，也进一步提升了党在人民心中的威望。为了能够进一步提升党员干部的文化素养，1920 年，俄共宣布通过政治教育的手段来与官僚主义进行抗争，并出台了系列法令与决议。这些法令对于当时党进行自我管理、对于公职人员的反腐倡廉产生了重要影响。

（二）关于严惩贪污受贿的法制

列宁认为，如果想要消除腐败，就必须在法律层面上对反腐败进行强调，将各种反腐败的措施与控制手段记录并整理成相关的法律规定。在列宁的倡导下，人民委员会通过了《关于惩办受贿的法令》。《法令》中要求国家或社会公职人员，如果利用自身职务之便开展或协助开展受贿活动，需要判处不低于五年的刑罚，同时，在服刑期间应予以没收全部财产并进行劳动改造的惩处。1918 年苏维埃代表大会又通过了《关于革命法制的决定》。其中，决定中的第一条便要求进一步强化法制执行的严格性。在此之后，列宁带领着苏维埃政府相继出台了许多反贪污的法律规定。仅在 1919 年到 1923 年的四年间，被记载的列宁领导出台的反贪污法令就有 16 个之多。到了 1922 年，苏维埃政府颁布了《苏俄刑法典》，对职务犯罪等相关问题又进行了明确地规定，指出公职人员如果出现滥用职权、贪污受贿等其他违法乱纪行为，需要依据情节轻重给予撤职或刑罚处分。

第二节　时代精神推进下的廉政文化建设

在廉政建设的过程中，文化建设是非常重要的一部分，通过开展廉政文化建设，能够从根本上根除腐败思想。之所以会出现腐败，是因为在人们内心会存在一定的欲望，因此，如果从思想上入手，则能够彻底根除出现腐败变化的可能，使人们能够提高抗腐败能力，抵制腐败思想的侵蚀。因此，廉政文化是廉政建设的至关重要的一部分。通过对中华人民共和国成立以来中国社会发展的进程进行梳理，可以发现，党和政府对于廉政建设以及开展反腐倡廉工作，予以了高度重视。伴随着社会的逐步发展，廉政文化建设的重要性越发凸显，廉政文化建设也逐渐深入，面临当前国际环境变化的新趋势，廉政文化建设也必须随之发生改变，在当前新时代的宏观背景下，廉政文化的建设与发展面临着新的挑战。所以有必要将时代的精神融入廉洁政府和廉洁的政府文化建设，使建设符合时代的特点和发展，并且可以与社会发展和历史变化相协调。

将时代精神与廉政文化建设进行有机结合，能够使廉政文化建设更具时代精神。通过坚持改革开放的战略方针，加强创新理念在社会各领域的应用，进一步优化当前的理念。自中国共产党执政以来，无论是建国初期，还是改革开放初期，廉政文化建设在不同发展时期都有不同的任务、途径、方法、思路、内容和模式。如今，需要将廉政文化建设与社会经济建设进行有机结合，实现廉政文化建设与社会经济建设的协调发展，才能使廉政文化建设更具社会精神，更加符合时代发展要求。因此，在开展相关活动时，应该将改革开放的战略方针坚持到底，深入贯彻以人为本的发展理念，创新廉政文化建设的路径，丰富廉政文化建设内容，提出廉政文化建设的新理论新实践，在当前多元文化背景下，开展廉政文化建设活动，需要将公平公正公开的原则贯彻到底，实现廉政文化建设与社会主义建设的有机结合。

一、改革创新的时代要求

改革开放是我国发展的基本国策，而实践与创新则是我国社会发展的重要理念与有效途径。尤其是在步入 21 世纪以后，改革与创新对于中国社会的发展起着不可替代的作用，已经成为当前时代发展的必然要求。受到改革与创新的双重影响，我国社会主义经济体制正在不断完善，在发展过程中，取得了十分显著的理论与实践的发展成果。因此，应当将改革创新引入到我国政治体制改革的过程中，使文化建设能够更具创新精神，同时，使广大人民群众能够真正感受到社会主义发展取得的美好成果，正确认识改革创新对于国家发展的重要价值，明确改革创新能够成为我国社会主义政治、经济等领域发展建设的基础保障。也就是说，改革创新是符合时代精神的改革创新，是推动社会进步的核心力量。

（一）改革创新是时代精神的核心

在十九大报告中，专门提出以改革创新为核心的党建工作理念，将改革创新作为开展廉政文化建设的有效途径。这一理念一经提出，便为我国廉政文化建设的发展规定了明确了方向，同时也成为廉政文化建设发展的重要理念基础。

1. 时代特征与时代划分

时代是根据不同性质以及特定空间对不同历史阶段进行的划分。在划分时代的过程中，需要遵从三个基本原则。从视觉空间的角度出发，时代以及时代的划分应当围绕世界，因此，如果从世界的维度出发，时代应该属于一个经过高度浓缩的全球发展历程以及全球发展趋势。如果从时间的角度出发，那么，时代则是指人类社会发展过程中某一个特定的历史阶段。这一特定的阶段与前一个阶段在社会生产水平，社会性质以及社会形态等方面都存在着较大差异，因此，在这个独特的时代中，社会生产力水平，社会的形态以及结构等都会具有其与众不同的特点。从根本性质的角度出发，时代以及时代的划分，需要通过社会生产方式以及社会结构进行区分。这是因为在不同的时代，社会生产方式以及社会结构是不同的，因此，某一个特定时代的性质与其他时代是存在差异的。社会生产力能够决定某一时代的社会发展阶段，能够对社会发展趋势造成决定性影响。因此，如果需要进行时代的划分，则需要从视觉空间，时间背景以及时代的根本性质三个方面进行划分，从而做到理论联系实际综合多种因素掌握不同时代的独特特点。

2. 时代精神的精髓

所谓时代精神，就是人类社会发展历程中，对于某一特定历史阶段的社会主题、文化、结构等的总称。因此，时代精神也属于社会意识和历史范畴中的重要的组成部分，且具有很强的时效性。时代精神的主要内容包括下列几个方面：

（1）时代精神是社会意识的内容。

从空间维度的角度出发，时代精神只能够产生于某一特定区域，因此，其具有较强的地域性特点，而从时间的角度上看，时代精神能够反映出某一特定时代中人类社会活动的本质，因此，集合着当时特定时代人们在社会生活中表现出来的全部思维方式、道德观念以及价值观念。因此，时代精神是基于特定领域，特定时期，特定区域空间的特定时间范围内，人们在思维方式、道德观念、价值观念以及社会需求等方面的直观性体现，能够彰显出某一特定时代的未来发展趋势，是时代全貌的具体化展现。无论人类当时秉持着何种主观意识时代的发展，与当时产生的时代精神必然是和谐一致的。时代发展不仅能够作为经济发展的重要标志，同时也能够反映出人类思想文化的变化。在不同的时代，人类会用不同的思想文化进行标志，从而使不同时代能够展现出不同的精神风貌。这些精神风貌来源于每一个社会成员，但又远远超过了全部社会成员在社会中产生的共同社会意识。

（2）时代精神能够科学地揭示时代特征。

实际上，时代精神不仅是人类在发展历程中产生的独特文化，更是一种社会意识的集合，是在特定社会时代中，产生的多种物质生产方式的综合。时代精神能够对社会生产方式产生重要影响，是社会生产方式发展的基础。只有社会生产力和社会生产关系协调统一，才能构成社会生产方式。马克思从两个维度分析时代，深刻揭示了时代的精神和本质。单一围绕生产关系分析时代及其特征已经远远不能满足人类的需求，这是因为如果仅仅从生产关系的角度出发，仅仅是从社会性质的层面对时代的特征进行理解，并没有分析是何种原因导致这种社会性质出现。马克思认为，不同经济时代的差别，与生产什么无关，而在于劳动手段是如何生产的，用什么生产的，尤其是关于劳动资料的探讨，需要用劳动资料对人类的动力发展进行判断，将劳动资料作为评判社会关系的重要依据。如果从生产力的角度进行分析，我们发现，马克思依据生产方式的不同把人类历史的发展过程分为石器时代、青铜时代和铁器时代与工业时代。后来，列宁在论述劳动与生产的关系时，继承了马克思、恩格斯提出的时间分析方法，并在此基础上进一步分析和阐述了时间分析方法与社会主体的关系。列宁认为，尽管我们不能判断在一个时代中，其历史运动发展究竟会呈现出何种发展速度，但是我们能够肯定的是，在某一特定历史时期，时代的内容，能够判断时代的发展趋势。

因此，时代的特征是有主题的，例如，如果将毛泽东同志所在的时代定义为“社会主义兴起”的时代，那么到了邓小平时期，他所处的时代就是“以战争、革命以及和平为主题”的时代。随着改革开放的推进，社会经济水平得到了显著提升，伴随着科技的不断发展，经济全球化的发展势头愈发迅猛，移动互联网时代、信息时代也随之而来。

（3）时代精神能够展现当代价值取向。

时代精神能够直接反映出人们在特定历史时期的价值取向。这里所强调的价值取向，就是人们在开展社会实践过程中所遵循的基本的价值观念。在人类日常的社会实践中，人类的价值观念是其全部行为活动的重要基础，能够将人类的行为逻辑以及价值倾向直截了当地表现出来。但是价值取向并不是随意产生的，而是需要受到当时社会生产方式，生活方式，时代特征所决定，因此，价值取向能够表达出在特定历史阶段中人类对于物质文化精神等方面的追求。在生产力并不发达的时代，由于人们还没有充分认识社会发展规律，对于自然规律等相关的认识也停留在表面，仅仅能够对人类活动的基本规律进行初步了解，在与大自然斗争的过程中，人类十分辛苦，在这一阶段时代，精神主要表现为人类的不屈不挠与艰苦奋斗。而在新民主主义革命时期，中国共产党成立了自己的队伍，广泛联系群众，浴血奋战，百折不挠，通过武装力量与强大的敌人进行对抗，中国共产党人始终坚定自身的理想信念。而到了社会主义革命以及社会主义建设时期，自力更生发奋图强，则成为时代的核心，中国共产党在满目疮痍的中国大地上重建山河，他们的勇气，坚毅的性格令世界为之感叹。在改革开放与社会主义现代化建设时期，时代精神表现为解放思想，锐意进取。中国共产党始终坚持与时俱进，创造了举世瞩目的奇迹，我们凭借着自己的勤劳、智慧、勇气，让全世界看到了中国力量、中国精神。① 步入中国特色社会主义新时代，我们始终坚持自信自强，守正创新。以习近平同志为核心的党中央深刻回答了建设中国特色社会主义的相关问题，形成了系列思想体系，使党和国家的事业取得了重大发展。

（4）时代精神是民族精神的象征。从中华民族的发展历史中可以发现，民族精神始终是时代精神发展的核心。一个民族，在社会生活中，必然会产生具有自己特色的产品，这就是民族精神。民族精神具有很强的民族性，能够反映出特定时代某一民族的独特精神，会随着民族的发展而不断深化，并具有再生产性和连续性的特点。如果不继承和发扬民族精神，如果民族精神不能顺应时代潮流，就无法在现实社会中发挥应有的作用和价值。弘扬时代精神，就是在深度挖掘、继承、发扬本民族优秀传统文化的基础上，在新的历史发展条件下继承和发扬民族精神，使民族精神在新的时代发展下源远流长、充满活力。中华民族已经历经了五千多年的风雨沧桑，在历史的演变中，逐渐形成了以儒家思想为基础的思想价值观念，并伴随着时代的发展，形成了新时代多元文化共存的格局，创造出了极具民族特色的民族精神，在意识形态、伦理道德、价值观念、理想人格、社会心理等方面，为中华民族全体成员所共有。它具有强烈的整体性、民族性和凝聚力。中华民族的民族精神主要有热爱祖国、艰苦奋斗、不屈不挠、宽容和谐等等，这些精神与价值观念，都是中

---

① 王常青，杨玲. 坚守底线与推进创新：百年大党铸就辉煌的路径选择［J］. 特区实践与理论，2021（01）.

华民族在五千多年的发展历程中所累积的经验，凝聚了时代的精华。

实际上，中国几代领导人都非常注重传承民族精神、发扬民族精神，在中国社会建设中进行了伟大实践，不断弘扬和发展我们的民族精神。中华民族所具有的民族精神体现在中国共产党第一代领导人毛泽东提出的三大革命精神中。针对中国民族发展所形成的民族精神，毛泽东针对我国民族发展进步过程中形成的民族精神指出：为了能够使中华儿女始终保持在以往战争时期所拥有的坚毅的勇气与热情，需要使广大中华儿女在日后的社会发展过程中，将这种民族精神继承下去，发扬起来。在过去的战争时期，正是因为中华儿女的英勇气概，才能够推翻统治阶级的反动统治，才能在抗日战争中取得胜利。而新时代中国的发展仍旧需要这种英勇拼搏的精神加以支持。伴随着改革开放政策的逐步落实，邓小平同志提出了自我牺牲，排除万难的乐观主义精神，而现在，在习近平总书记的正确带领下，提出了不忘初心不负人民的伟大精神。

3. 时代精神的特点

通过对时代发展历程进行探索分析，我们能够将不同时代的时代精神进行对比，通过对比能够得出时代精神的三个基本特点，包括：

（1）开放性特征

时代精神就是在同一时代中各国家在政治经济等多个领域中表现出来的价值，这种时代精神是一种超越民族的集体性精神。只有明确时代精神的本质，才能够紧跟时代发展的步伐，才能够满足经济全球化的基本需求，进而能够广泛地吸取其他国家在社会发展中取得的经验与教训，然后结合本国发展的实际情况，不断进行政策与制度上的调整，进而能够实现社会发展的开拓与创新。因此，在当前的新时代中，只有开放与创新才是最主要的时代精神。时代的开放精神与封闭自满的思想是对立的，水火不容。在时代的进步发展中，封闭自满的思想最终必然会走向灭亡。

（2）实践性特征

时代精神与实践是密不可分的，从精神的角度出发，受到个人的思想意识的影响，个体展现出来的精神面貌，以及对客观世界的认识成果，能够成为时代精神的具体化，而时代精神的产生与发展，与国家社会发展水平与发展走向密切相关，可以说，时代精神是国家开展一切政治活动，开展经济建设活动等多个领域发展的重要基础。具体到中华民族，我们拥有多方面的时代精神，包括解放思想，改革创新，谦虚谨慎等等。它继承和发展了中华优秀传统文化，使中华民族精神长期站在历史发展的舞台上，源远流长，光彩夺目。正是因为当代社会对中华民族精神的发展和传承，我们的社会才能以马克思主义经济发展理论为基础，逐步实现计划经济向市场经济的转变，进而推动我国经济体制能够不断发展创新，在中国特色社会主义的土壤中，构建完整的市场经济运行体制，进一步完善相关的配套制度，坚持以科技创新引领社会发展，在社会的各个领域中，引进先进的科学技术，进而构建具有中国特色的发展道路，实现社会主义的进步与发展。

（3）前瞻性特征

时代精神是未来发展趋势的缩影。一方面，时代精神包含了当前时代全部实践活动的基本特征与规律，另一方面，能够成为对未来社会发展走向的预测。因此，时代精神能够紧紧跟随时代发展的步伐，顺应时代发展的要求，在不断的发展进步中，实现更多创新。时代精神蕴含着与时俱进的优秀品格，而这种与时俱进，能够对时代精神的发展产生决定性影响。例如，在战争年代，时代精神主要表现为不怕牺牲，勇于奉献，到了社会主义建设时期，时代精神主要表现为艰苦奋斗，不怕牺牲；社会主义革命和建设时期的时代精神主要是尊重科学，通过使用科学的、先进的技术来达到创新的目的。如果没有科学对社会主义的发展加以支撑，那么，社会主义便无法顺利开展各项建设活动，也就无法摆脱当前发展中国家的困窘。这就意味着，时代精神是与时代发展基本一致的，与社会发展是彼此协调的，因此，我们应当立足当下，着眼于未来，紧跟时代潮流，促进时代精神的发展。

4. 时代精神的核心

就当代的社会发展历程而言，无论是历史上的哪一个时期，都不能替代这一时期的社会发展，这是因为时代的格局不同，导致不同时代社会发展的情况存在着较大差异。尤其是当前经济全球化的背景之下，政治二元论的矛盾日益突出，资本主义与社会主义的矛盾也在不断扩大，这使社会主义必须在不断的实践与探索中取得进步与发展以期能够探索出一条具有中国特色的发展路径，为社会主义建设奠定基础，进而能够使中国的国际地位、国际影响力得到显著提升，进一步增强中国在国际中的竞争优势。①

伴随着社会主义的逐步发展，时代精神的内涵也在逐步丰富。从毛泽东同志最初提出的革命精神之后，邓小平在此基础之上提出了牺牲精神。受到当前全球化、信息化等多种因素的影响，改革创新已经成为当前时代发展的核心精神内容。在推进社会主义事业发展的过程中，我们必然会受到一些源自传统社会主义理论的影响，而无数的实践也可以表明，最初，马克思等人提出的关于社会主义发展的相关理论，是对社会主义事业发展的正确预言，此后，经过了列宁、斯大林等人的实践与探索，使传统社会主义理论得到了进一

① 綦玉帅. 中国马克思主义大众化历史发展规律研究［D］. 苏州大学，2011.

步丰富。但是，在社会主义事业不断发展的过程中，必然要经受来自国际或国内的挑战与考验。因此，需要从根本上消灭剥削制度，推翻资本主义的统治，社会主义的发展与壮大扫清障碍。由此可以发现，社会主义事业的产生本身就是一项伟大的创新事业，而正是因为其具有高度的创新特点，在其建立发展过程中，缺乏成熟的、可供借鉴的实践经验。因此，如果没有改革创新精神加以支撑，那么社会主义事业必然会走向下坡之路。

在时代精神中，改革与创新是彼此相辅相成的，实现改革与创新的有机结合，就能够挣脱传统社会主义理论，对社会主义事业发展的束缚。在中国特色社会主义事业建设不断探索的过程中，必须要基于中国的本国国情，使理论能够密切联系实际，以创新作为开展各项社会主义事业建设活动的基本方略，进而从根本上转变传统社会主义的理论。

（二）改革创新是时代发展的根本要求

在时代中蕴藏着丰富的改革创新精神，改革创新能够成为时代发展的重要基础。需要充分了解时代发展中实践主体的基本特点，明确时代的需要与基本要求，使改革创新能够成为时代发展的动力引擎。

1. 改革创新是适应时代特征的必然选择

在当代社会中，由于社会、经济的发展方式存在一定差异，无论是社会结构还是主体意识，都与以往各历史时期不同。具体而言，当前社会背景下，时代的特点主要表现为四个方面，分别是：

（1）经济运行的市场化

也就是说，在社会经济活动的全部过程，包括生产、分配、交换等重要领域都强调市场发挥其主导作用。整体而言，经济市场化就是将市场作为经济主体进行经济行为的基本导向，禁止用生存和发展等概念对市场进行评价与控制。而开展社会经济活动的主体应当积极配合市场，完成社会经济活动中涉及的各项检查工作，从而能够明确在社会经济活动中，其价值究竟能否得以充分实现。同时，社会的活动范围主要会受到市场的影响，行政规则的约束力将会被消除。而在一系列市场规则的调节与作用下，社会活动的运行模式将会越发丰富，越发多元。

（2）发展的全球化

在科学技术不断进步的影响下，当代社会发展的最大特征就是实现了全球化，全球化的发展对于人类的社会发展方向能够产生重要影响。归根结底，全球化所强调的就是经济的全球化。首先是因为全球化的具体表现，主要是在世界范围内实现服务商品等生产要素的自由流动，能够实现全球资源的有效整合，在全球范围内合理配置市场资源。其次，经济全球化是经济发展的必经路径，这是不可避免的历史过程。全球化的发展可以整合世界各国的经济，通过联合行动构建一体化的紧密运行机制，这种机制使得各国能够彼此影响，相互制约，从而实现经济的协调发展。

（3）社交生活的网络化

在现代信息技术的影响下，社会的各个领域都能看到现代科学技术的影子，这使得人们的社会生活逐渐趋于网络化，也就是说，在当代社会发展过程中，网络化已经成为社会发展的基本特征。不同于传统的文化发展模式，网络文化更多的是表现为一种以创造为核心的网络精神，其主要包含人类上网的心理特征以及行为模式。实际上，社会网络文化是现代社会发展的创新成果，也是科学技术在现代社会中的创新应用。通过互联网或互联网终端等传播媒介，能够将个人的观点与情感表达出来，在网络空间内发表自己的看法。网络文化对当代人的生活产生了至关重要的影响，丰富了人类的生活方式，进一步提升了信息的公开性，营造了开放的信息环境，这使得人们的社会生活环境能够得到进一步开放，无论公众是何种身份、何种地位，无论他们是富有还是贫穷，他们都可以通过互联网和大众媒体等各种渠道展示他们的信息。同时，通过多种网络媒体，他们也可以发表自己关于社会政治、经济、教育等多个领域的见解，而不再受到传统的纸质媒体的限制，因此，从这一点可以看出，网络文化的普及，文化的大众性得到了显著提高，使社会大众能够积极投身于大众文化建设中，进一步丰富了社会文化的内涵。

（4）利益相关者的多样化

如今，社会发展历程的特点与以往任何一个历史时期的特点都不完全相同，具体表现为：第一，基于所有制的角度，受到传统社会主义经济体制的影响，生产资料的所有制需要完全被集体所掌握，公民所有制的主要表现形式为公有制，而从社会生产力发展的角度看，中国特色社会主义中的生产资料制度与传统社会主义经济体制下的生产资料制度是完全不同的。具体而言，就是从单一公有制转向了以公有制为主体。其次，从社会阶层的角度出发，由于存在着多种所有制，因此对社会结构产生了重要影响，传统的经济体制由于主要为公有，因此，社会阶层的绝大多数力量为工人与农民而伴随着经济发展模式的逐渐多样，越来越多的社会阶层相继出现，例如民营企业家、城市农民工等等。

2. 改革创新是实现时代发展的内在要求

本质上讲，通过不断完善社会配套的相关管理制度，改变社会的运行方式，能够推动社会的进步与发展，同时，能够摒弃传统社会管理制度中存在的不足。因此，受到社会生产力的影响，传统的社会发展模式已经不能满足现代社会发展的需求，就更不用说满足人民群众对社会公共文化的需求了。因此，应当创新社会发展模式，实现社会发展模式的变革。

但是这种创新并不是自然生成的，需要结合社会发展的真实需求。只有结合社会发展的真实需求，对社会主义管理体制进行及时调整，才能推动社会的进步。

从客观的角度出发，改革创新是时代发展的必然要求。人类社会，是非常复杂的，因此，任何一个要素发生变化，都会引起系统内其他要素的变化。根据马克思主义唯物史观，我们能够把社会结构分成三个部分，分别是：社会生产力。在社会主义结构中，最核心也是最活跃的部分就是社会生产力。如果社会生产力出现了改变，那么社会生产关系就会随之发生改变。在整个社会结构中，社会经济基础决定着上层建筑，因此，生产力的改变能够影响经济基础进而改变上层建筑。归根结底，时代变化本质上看就是生产方式的变化。受到劳动工具的更新、利益需求的扩大等多种因素的影响，人的劳动生产力必然会在一定程度上得到提升。而社会经济结构一旦发生改变，随之变化的就是社会的政治结构与文化结构，最终造成的结果就是整个社会结构发生改变。而之所以会出现劳动工具更新或利益需求扩大，都是与人们的改革创新意识密不可分的。人类的改革创新意识在社会发展中能够起到决定性作用，也是时代发展进步的本质所在。

从主观发展的角度出发，面临着时代的发展，改革创新是必经之路。将落后的旧时代的行为模式抛弃，跟进时代的步伐，能够迎合时代发展特点，促进社会经济结构更好转变。新时代的发展并不是自然发生的，也不是随波逐流而被动产生的，是基于对社会与时代发展的理性认识与理解，是对时代发展的正确把握。在时代发展的背后，蕴藏着改革开放的创新精神，这种改革开放，一方面是时代发展的必然要求，一方面是社会建设的必然选择。

3. 改革创新是推动时代进步的精神动力

基于唯物史观，从本质上看，社会与时代的进步与发展成为社会矛盾运动的动力。而能够推动社会进步的根本性动力则是源自阶级斗争。社会发展和时代发展的推动者是广大人民群众，他们是社会发展的动力引擎。因此，应当把满足人民日益增长的需求作为人民推动历史发展的根本源泉，物质和精神需求是人民推动社会发展的物质和精神动力。具体表现在以下三个方面：

（1）改革创新展现了人民改变社会的基本要求

伴随着社会的不断发展，社会生产力逐步提升，经济基础与上层建筑之间的关系也逐渐紧密，但是二者之间的矛盾也日益凸显。社会关系如果不能和社会生产力相互协调，就会成为制约社会发展的根本性要素，同时，也无法满足人民在物质以及精神层面上的需求。面对这种情况，人民会主动改变社会生产方式，尽可能地提升社会生产效率。而通过提升社会生产效率，则能够有效提升社会生产力，进而能够提高社会经济发展水平，更好地满足人民群众在物质及精神方面的需求。同时，生产经营方式的改变将会导致人们的社会生活方式发生改变，促进人们对社会管理方式提出更高的标准，进而推动管理制度不断进步完善，达到促进社会整体性发展的目的。

（2）改革创新展现了人们以理想代替现实的期待

人是一切物质与精神产物的来源，在社会生活过程中，能够自觉主动地产生各种物质及精神产物。对于社会而言，社会主体能够不断考察当前社会中个体的行为活动，从行为活动中总结经验，进而为人类社会发展描绘更美好的蓝图。明确未来社会发展的方向，这也是人类自觉活动的标志与代表。通过不同的途径，能够对社会现实进行批判，寻找社会发展中潜藏的弊端，制定相应的方法和措施来处理社会发展中的问题，并付诸实践。

用理想去代替现实生活，能够激发人类潜藏的创造意识。理想状态主要包含两个部分，分别是对现实的批判与对未来的期待。能否做到现实的批判需要拥有很大的勇气，勇于改变当前的现状；而对未来的期待则需要智慧加以支持，需要创新加以支撑。对现实的批判能够对当前已经存在的利益关系格局造成一定影响，因此可能会触及部分人的利益，所以，如果想要改革创新，那么就要做好克服多种困难的准备。具体表现为，在改革创新的过程中，不同利益阶层可能会爆发出强烈的矛盾冲突，最终呈现出利益阶层对立的局面。如果在这个过程之中缺少改革的勇气，那么创新便会沦为一纸空谈，无法贯彻落实到实践中。这样便会使对未来的期待脱离现有的社会发展实际情况，那么这种期待与构想便毫无意义。实际上，对这种社会关系的超越与克服正是社会利益与社会关系重构的代表。因此，在这个过程之中，必须要对不同阶层的地位、作用以及彼此之间存在何种关系进行分析与探讨。要进一步明确社会各阶层在改革创新中存在的根本性矛盾，结合实际情况确定科学的解决方案。因此这个阶段就应当充分地利用自身智慧来协调好各个阶层之间的关系。进而能够将智慧转变为改革创新的重要支柱性力量，转变各阶层对社会改革的看法与态度，为社会改革不断注入新鲜的活力。

（3）改革创新直接推动社会变革和时代进步

从社会层面的角度来看，所谓改革实际上就是社会生产力发展过程中各社会关系的整合，是对社会经济基础与上层建筑之间社会关系的整合。具体而言，如果想要实现社会关系与上层建筑之间的改革，需要解决的一个重要问题就是处理好社会生产力发展与社会发展之间的矛盾，处理好社会经济基础与上层建筑发展之间的矛盾。① 改革开放以前，中国的生产资料所有权主要是全民所有和集体所有。结合我国社会发展的真实状况可以发现，由于我国的地理面积相对较大，不同地区的社会发展水平存在较大差异，而不同地区拥有的自然要素、所需的物质要素也是不同的。如果在全国范围内实行统一的所有制形式，是无法适应不同地区发展的需要的。通过梳理中国社会制度发展的一般历程，可以发现如果机械的采用传统所有制的方式则对于中国经济与社会的发展毫无益处，甚至会成为社会生产力发展的阻碍。在这方面，中国农村尤为突出。中国幅员辽阔，农村所占的面积远远高于城市。在中国探索建设社会主义的过程中，一开始直接引用苏联“城市包围农村”的政策，其实际效果必然失败。通过对“城市包围农村”失败结果进行反思，当时的领导人决定采用“农村包围城市”的战略方针，并在这个正确的方针的带领下，取得的效果十分显著。因此，结合我国现代经济建设，也需要基于我国的基本国情，认识到发展农业、农村对于经济发展、社会进步的重要价值，认识到集体经济与生产技术水平发展会呈现差异，进而结合国情选择最恰当、合理的经济运行方式。正如著名的安徽凤阳小岗村，在全国都处在人民公社时期时，小岗村的村民勇于突破现状，提出了“家庭联产承包责任制”，这一制度与当时的农村经济情况是十分贴切的，并能够充分激发当地农民的工作热情，进而显著提升了农业生产的效益。在中国的经济建设发展过程中，小岗村的改革实践可以说是最成功的农村改革模式之一，在我国后续开展的农村改革中发挥了巨大作用。

通过改革创新，能够激发广大人民群众参与到社会主义建设发展的进程中，进一步激发他们在社会主义建设中的创新意识，尽可能地消除社会主义建设中面临的阻碍，推动社会生产资料所有制顺利转变，进而实现社会发展与社会管理制度的有机结合，为社会的更好发展提供保障。

第三节　社会主义核心价值观导引下的廉政文化建设

全面贯彻党的十九大精神，深入贯彻落实习近平新时代中国特色社会主义思想，是党对我国现阶段开展廉政文化建设所提出的总体要求。早在 2014 年，习近平总书记便已经

① 刘国建.“三个代表”思想：马克思主义哲学的新发展［J］. 广东工业大学学报（社会科学版），2002（03）

针对党风廉政建设问题发表了“三严三实”重要讲话，要求全体党员干部必须做到三严三实的基本要求。在此之后，习近平总书记在 2017 年的十九大报告中重点对社会主义核心价值观的践行与落实进行了阐释。2021 年，习近平总书记指出，中国共产党的党风廉政建设永不结束，反腐败斗争也将持续开展。中国共产党建党已有百年，这就要求我们党必须不断推进党风廉政建设和反腐败斗争，保持党的先进性、纯洁性和生命力。各级领导干部尤其是骨干以及负责人，必须贯彻落实管党治党的个人职责，时刻认识到我们还在“进京赶考”的路上，时刻警惕“腐败”“围猎”，长期坚持严的主基调，以系统化标本兼治的思想同腐败、违纪现象作斗争，不断提升党的净化能力。通过不断进行自我完善与自我革新，不断提升党的整体水平与整体能力，为中国特色社会主义的发展保驾护航，超越治乱兴衰的历史周期率。

21 世纪以来，廉政文化建设的地位得到了进一步提升，正式成为了我国社会主义建设的重要内容，成为社会主义建设的需要关注的重点方面。习近平总书记所提出的社会主义核心价值观，一方面是对社会主义荣辱观的深化，另一方面是“三严三实”的继承与发展。这种继承与深化使廉政文化建设能够与中国的社会经济发展水平相结合，能够将廉政文化建设与中华民族的优秀传统文化结合到一起，能够与社会主义法治化建设的基本要求相协调。面对新时代、新形势，应正确掌握社会发展中的普遍性问题，加强党风廉政建设，建设具有中国特色的廉政文化体系，为中国的可持续发展提供保障。

一、社会主义核心价值观是廉政文化建设的道德基础

实际上，社会主义核心价值观是社会主义基本价值理念的精华，能够完美展现中国特色社会主义特点与基本性质，是新时代廉政文化建设要遵循的核心价值观。①

社会主义核心价值观中的“自由、平等、公正、法治”，是对长期以来以“八荣八耻”为主要内容的社会主义荣辱观的继承和发展。作为人生观、价值观与世界观的核心内容，荣辱观对提高个人道德修养营造良好社会氛围能够起到重要作用。社会主义荣辱观以“八荣八耻”为核心内容，成为社会主义核心价值体系的思想基础，为构建社会主义核心价值观体系提供了导向。同时，通过将价值目标与价值取向进行有机结合，能够妥善处理好国家、集体与个人之间的关系，使广大人民群众能够明确自身人生价值，彰显社会主义道德，为开展社会主义核心价值观建设提供了思想保障。

---

① 郑晓绵，魏仕腾. 马克思主义劳动观的当代价值［J］. 才智，2021（03）.

（一）社会主义荣辱观的基本内涵

荣辱观的本质也是人与社会关系的一种。也就是说，人们在其所处的社会生活中，其对于全部行为或活动的评价与个人感受。基于思想道德认知理念，“荣誉”和“耻辱”这两个词具有绝对的独立性，就像“积极”和“消极”一样。当人们的社会行为活动受到赞扬时，人们就会在心理自然地产生一种认同感，而这种油然而生的认同就是我们所说的“荣誉感”。然而，如果人们的行为如果被训斥、批评和抵制时，就会在心理上感到内疚，这种内疚感实际上就是“羞耻感”。由此可以发现，荣辱观一方面能够反映出人们的社会行为与活动会接受社会的评判；另一方面能够反映出人们对某个个体言行所表现出来的社会价值观念。

自古以来，中华民族就以礼仪之邦的名称享誉世界，因此积淀了丰富的历史底蕴。早在春秋时期，孔子便将“仁义”作为基本的道德规范，同时将荣辱观与“仁义”进行有机结合，提出了“恭近于礼，远耻辱也”的观点。《荀子》：“礼之正于国家也，如权衡之于轻重也，如绳墨之于曲直也”。在《礼记》中，也对荣辱进行了表述，指出了“物，耻足以振之；国，耻足以兴之。”在《朱子语类》中，朱熹便提出了自己关于荣辱的看法，提出了“人须是有廉耻”的观点。由此可以发现，自古以来中华民族便已经产生了荣辱观，而荣辱观在不同的时代也得到了当时人们的高度认同，是社会伦理道德的基本的，也是核心的内容，能够作为衡量个人行为的重要的评价指标。

从一定程度上看，荣辱观是带有浓厚的阶级色彩的，因此，不同的历史时期、不同历史背景，以及不同的阶级层次对于荣辱的界定存在着一定的差异，或者说，不同历史时期、不同历史背景以及不同阶级层次都有其独特的荣辱观。在社会主义建设背景，我们所强调的、弘扬的荣辱观就是社会主义荣辱观，它以社会主义建设为背景，是以荣辱观为基本观点，融入时代发展，是建设社会主义核心价值观的基础。那么，在社会主义建设发展的过程中，究竟对于“荣”和“辱”的界定是什么，这主要由中国特色社会主义现代化建设的水平与特点所决定。随着改革开放，我国的市场经济体制进一步完善与正规，社会结构转型的进程也在逐步推进。当前，我们已经建立起社会主义核心价值观，这在一定程度上是与时代的要求相一致的，更是符合市场经济发展的规律的。

社会主义荣辱观在一定程度上能够成为社会良好风气的风向标，也成为社会主义核心价值观的发展的重要导向。具体到社会主义建设的过程中，应当在全社会范围内营造以爱国主义、集体主义、社会主义为核心的道德氛围，进一步确立正确的道德标准。社会主义荣辱观是对我国廉政文化建设的概括与浓缩，是构建具有中国特色的廉政文化体系的思想基础。

"八荣八耻"中的集体主义思想，集合了爱国主义与社会主义的核心内容，一方面凝聚了中国五千多年来传承下来的优秀传统文化，一方面顺应时代的发展，展示了新时代新背景下的人生观、价值观与社会观，做到荣辱观的继承与发展，在社会主义核心价值观的基础上，将"富强、民主、文明、和谐"作为我国建设发展的宏观目标；将"自由、平等、公正、法治"作为我国社会主义发展的价值取向；将"爱国、奉献、诚信、友善"作为个人开展社会活动的基本道德准则。

1. 以热爱祖国为荣，以危害祖国为耻

这是社会主义荣辱观中最基本的价值要求，一方面能够指出爱国在社会主义荣辱观中的重要地位，这是对我国爱国主义精神的浓缩与概括，也是对全体中国公民提出的最基本的、最重要的价值标准。所谓"热爱祖国"，就是热爱中华民族、热爱中华人民共和国，坚持社会主义发展方向不动摇，尊重中华民族发展的历史传统、认可中华民族的文化精神、赞赏中华民族的人民智慧，用理性的眼光审视中华民族在历史发展、社会演进与时代进步中产生的全部思想、情感与行为。在过去的千百年中，中华民族始终将"爱国主义"作为道德建设的基础，把"爱国主义"作为衡量一个人的思想道德的首要指标。在不同的历史背景中，爱国主义的内涵与具体表现都是不同的。例如在动荡时期，爱国主义的内涵为维护国家统一、支持民族团结；而在和平年代，爱国主义体现在艰苦奋斗、维护民族尊严、报效祖国的思想中。在当代社会发展中，爱国主义的核心在于热爱祖国、拥护中国共产党、坚持社会主义不动摇。在21世纪，爱国主义主要围绕建设中国特色社会主义，一方面需要维护国家的尊严、维护国家的利益；另一方面需要拥护党、支持党的工作，积极投身于社会主义建设事业。

2. 以服务人民为荣，以背离人民为耻

这是社会主义荣辱观的核心部分，也是社会主义核心价值观建设发展的精华所在，同时这也是社会主义精神文明建设的最终理想，不仅体现了对中华民族传统文化的继承，同时也是新时代的深化发展。在《共产党宣言》中，马克思便指出了共产主义的性质，指出共产主义就是无产阶级发展的革命，是维护最广大人民利益、谋求最广大人民福祉的独立运动。在我国刚刚步入社会主义建设时期，在毛泽东同志的带领下，中国共产党终于获得胜利，夺取政权，为人民成立了新中国。并且，为了能够维护最广大人民群众的利益，毛泽东同志又提出了"全心全意为人民服务"的重要观点，使党能够与群众保持密切联系，使党能够始终将人民群众的利益放在第一位。伴随着改革开放的逐步深入，中国社会取得了举世瞩目的发展成果。为了能够更好地为人民群众提供服务，邓小平同志提出了“三个有利于”标准，“三个有利于”的提出，不仅为我国今后的发展提供了明确地发展方向，同时进一步深化了为人民服务的内涵。在此之后，江泽民同志提出了“三个代表”重要思想，不仅丰富了为人民服务的思想体系，同时也是中国向构建特色社会主义思想不断尝试的重要经验。步入 21 世纪，科学技术的进步使人们的生产生活方式发生了极大改变，为了能够更好地为人民提供服务，胡锦涛同志提出了“以人为本”的重要思想，强调基于个人的发展，结合人民的实际情况，探寻能够满足人们需求的有效解决方案。为了能够进一步深化中国的廉政文化建设，习近平总书记研判中国的实际国情，提出了“反腐倡廉”的重要理念，并在全国范围内督促反腐倡廉理念的贯彻与落实，肃清了党内风气，营造了廉洁的社会氛围。

3. 以崇尚科学为荣、以愚昧无知为耻

这是对科学思想的崇尚，也是反对封建愚昧的有效手段。马克思指出，科学是生产力的重要部分，通过固定资本发展的实例我们能够发现，通常情况下，社会知识能够直接从无形变为有形，实现向社会生产力的转变，因此可以说，社会劳动生产力的重要动力引擎就是科学。20 世纪 80 年代，中国开始了改革开放，邓小平提出了“科学技术是第一生产力”的伟大论断，为社会主义的建设提出了新的发展方向。随后，在党的十七大中，胡锦涛同志所提出的“科学发展观”被正式纳入党章中，成为党与国家建设发展的重要内容。在党的十八大上，习近平总书记提出了“中国梦”重要观点，这一观点一经提出，立刻得到了广大人民群众的响应，中国人开始不断尝试实现自己的航天梦、航母梦、复兴梦。这也充分表明了中国共产党的科学思想不仅能够与中国的实际情况相结合，同时能够顺应时代发展潮流。

4. 以辛勤劳动为荣，以好逸恶劳为耻

这是针对劳动概念的道德标准界定，关乎着社会主义建设的本质。它与中华民族优秀的勤劳的传统美德相得益彰，更与时代精神相互呼应。自古以来，中华民族就是一个以勤劳著称的民族，而在五千多年的发展里，中国人民也始终将热爱劳动坚定不移地继承与发展下去。中华民族向来热爱劳动、崇尚节俭，早在《左传》中便对勤俭与奢侈这两个矛盾关系进行了阐释，曰：“俭，德之共也；侈，恶之大也。”李绅在《悯农》中，也强调了盘中餐的粒粒辛苦，通过珍贵二字我们能够充分感受到劳动人民的辛勤劳动。我国伟大的教育家、思想家孔子也阐述了自己关于勤俭的观点，“奢则不孙，俭则固。”实际上，中国历代有许多著名的诗词家都通过自己的作品反映了劳动人民的辛勤劳作。例如白居易在《观刈麦》中写到的“田家少闲月，五月人倍忙”都从正面或侧面诉述了农民辛勤劳动的辛苦。在人类文明的发展过程中，人类通过自己的双手、凭借着自己的毅力，创造了丰富多样的物质文明，并成为社会进步与发展的主要推动力。社会主义的建设发展同样需要广大人民群众的辛勤劳动与艰苦付出。尤其当前中国正面临着社会结构转型的关键节点，面对新形势的新挑战，我们需要应对空前的挑战，凝聚广大劳动人民的劳动力，充分发扬劳动人民坚韧不拔的精神，为打造社会主义现代化强国而不断努力。

5. 以团结互助为荣、以损人利己为耻

这是对人们在社会生活中的人际关系的价值观念进行的界定，在全社会范围内倡导以“团结互助”为荣。一直以来，团结互助都是队伍壮大发展的重要影响因素，对于国家以及民族的进步与发展起着至关重要的作用。无论是 2001 年的《公民道德建设实施纲要》，还是 2017 年的党的十九届全国代表大会，都反复重申了团结互助、团结友爱的重要价值。通过确立团结互助的道德标准，能够帮助公民正确处理个人与集体之间的利益关系，实现利益协调的目标。

6. 以诚实守信为荣，以见利忘义为耻

这是对社会主义道德规范基本原则的归纳，强调诚实守信，能够帮助社会主义精神文明更好发展，进而能够推动社会主义市场经济体制的发展与完善。实际上，诚实守信不仅是我国的优良传统，更是开展革命的核心思想。孔子针对诚实守信曾作出“言必诚信，行必忠正”的表述。面临当前新时代的新发展，我们更应该重视诚实守信，发扬诚实守信的重要价值，这是因为，诚实守信是现代市场经济中的必要性条件。毛泽东同志提出了“实事求是”的重要思想，这就是对诚实守信最精炼的概括，此外，邓小平同志也反复强调了“取信于民”的重要意义。在 21 世纪，诚信的作用更加不容小觑，在党和政府的思想建设过程中，诚实守信扮演着重要角色。同时，在《公民道德建设实施纲要》中，也指出应当将“诚信”作为公民的基本道德素养。

7. 以遵纪守法为荣，以违法乱纪为耻

这是基于法律层面上对公民的遵纪守法等意识行为作出的规范。要在社会发展中营造良好的法治氛围，就要增强我们社会每个公民的法律意识，让每个公民都能自觉遵守法律规范。《管子》有言“法者，天下之程式也，万事之仪表也。”，这句话明确地表明了在社会发展过程中法律的价值与作用。墨子曾言，“天下从事者，不可以无法仪，无法仪而其事能成者无有也”充分展现法律和规范在一个国家、在一个家庭中的重要意义。孟子认为，“徒善不足以为政，徒法不足以自行。”因此，对于每个公民而言，“守法”都是其在社会生活中需要遵循的基本要求。只有做到了遵纪守法，才能为党和政府开展依法治国工作创设良好环境，全面提高每个公民的道德素质。要推动社会的进步发展，就必须使每个公民都能具备发展的理念与意识，将法治宣传工作落实到位，让每一个公民知法、懂法、守法、用法。

8. 以艰苦奋斗为荣，以骄奢淫逸为耻

一直以来，我党都秉持着艰苦奋斗的时代精神，强调艰苦朴素、反对骄奢淫逸。当然，这也是中华民族不畏艰险、锐意进取的坚毅品格的具体化表现。甘于贫穷，为人民受苦，是一种理性的生活，是一种智慧的生活，是幸福的源泉。它凝聚了中华民族不同历史时期的璀璨文化，是党的优良作风的核心内容，也是现代社会发展的重点所在。在革命年代，毛泽东结合中国的实际情况、结合革命特点提出了“自力更生、艰苦奋斗”的重要思想精神。在改革开放之后，邓小平也指出，要想开展四个现代化建设、要想推动社会主义进步发展，就必须依靠艰苦创业，换句话说，中国的发展历史，就是一部艰苦奋斗的历史。艰苦奋斗，对于一个民族、一个国家、一个政党，对于领导干部，都是至关重要的。尤其是这些年来，受市场经济变革的影响，拜金主义、享乐主义特别是奢靡之风为人们的思想带来诸多负面影响，严重制约到社会主义的建设与发展。艰苦奋斗强国，艰苦奋斗兴党，艰苦奋斗立民。

（二）廉政文化建设的社会道德标准

在廉政文化建设的过程中，我们需要围绕着社会的基本道德要求，将发展的目标逐步落实到发展过程中。一直以来，关于廉政文化的探讨都集中在官员的道德素质上，如果你想治理国家和人民，你应该从管理政府和官员开始。这是中国在5000多年的发展过程中总结出来的政治发展经验。政府在对国家以及人民进行管理控制的过程中，自然会产生管理责任，同时为了能够落实这一责任，也必然会产生权力运行机制，它们之间是互补的。这里，需要注意的是，政府在进行管理之前，首先，要确保具有普遍的社会公德和基本职业道德，忠于国家、忠于人民，在执政过程中应当坚守公平、公正、公开的办事原则。在古代社会中，公职人员又被称为“父母官”，从这里我们也可以发现，官员的道德品质，能够对国家发展以及社会道德演变产生至关重要的影响。

中国古代统治者治国理政，优化社会进程，治国理民与廉政思想息息相关。许多古代皇帝和地方行政人员把“礼”和“德”作为治国理政的首要原则，例如董仲舒便在《举贤良对策》一文中提出他关于廉政的思想，他认为“刑者德之辅”，他的思想观点以及著作得到了汉武帝的肯定，帮助汉武帝更好地进行集权统治，可以说为维护社会稳定作出了重大贡献。此外，唐朝还吸纳了此前隋朝颁布的《开皇律》，并在此基础之上制定了较为完善的《唐律》，唐高宗还命人将《唐律》中涉及的全部条款进行逐条释义，最终著成了《唐律疏议》一书。在这本书中，对德、礼、法进行了肯定，认为这三者是进行行政教育的基础，而行政教育的具体表现形式则为惩戒。因此，从这个角度看，上述四项是相辅相成的共同组成了唐朝的行政教育。康熙也十分重视德育在行政教育中的重要作用，并提出了“以德化民，以刑弼教”的观点。由此我们可以发现，历朝历代的统治者对于开展官员教育都是十分重视的，并且认为通过开展官员教育能够使官员更具责任感，能够提升官员的抗腐败能力。因此，历朝历代的领导者都坚持忠于执法，绝不姑息贪官污吏，通过道德教育和行政教育来治理贪官污吏，一直沿用至今。

新时代，党的建设面临着新的挑战，党与政府对于廉政文化建设问题愈发关注，并将其作为党风廉政建设的核心内容，认为廉政文化建设是社会风气建设的重要组成部分。强调把廉政的理念、观点、文化与各行各业进行有机融合，尤其是实现廉政理念在文化建设领域的应用，这样能够充分借用文化的作用与功能，进一步提升国家的凝聚力。在对社会发展进行规划布局的过程中，党中央结合不同领域，例如政治领域、文化领域、经济领域，结合了不同层次提出了各具特色的廉政文化建设目标，并以此为基础提出了相应的发展政策。在社会主义建设发展的过程中，需要不断吸纳国内外的先进的实践经验，将“廉政文化”建设提上我国现代社会发展建设的议事日程，深化“反腐倡廉”思想，使每一位党政官员在中国当代社会发展过程中“立党为公”“执政为民”，在日常的实践工作中，需要进一步完善廉政文化建设工作，不断更新社会主义先进文化建设的内容。在社会主义现代化的建设中，需要不断吸纳先进文化，不断更新先进思想，使廉政文化的先进性能够充分彰显出来，进而能够在廉政文化建设工作中贯彻落实全心全意为人民服务的基本宗旨，在全党范围内树立正确的人生观、价值观，进一步提升党员干部的自觉性，提高党员干部的执政能力。① 同时，应当深深根植于中国特色社会主义建设的宏观环境中，将全心全意为人民服务的宗旨直观地在廉政文化建设工作中彰显出来。

在廉政文化建设发展的过程中，我们应当围绕社会主义核心价值观，无论是“社会主义荣辱观”还是“社会主义核心价值观”，都是开展廉政文化建设的重要思想基础与理论

---

① 高汝伟. 与时俱进：邓小平教育理论的突出品质［J］. 教育探索，2004（06）.

依据，能够为廉政文化建设提供方向，促进了廉政文化的发展。

1. 树立崇高的理想和信念

理想信念是推动社会主义发展的源源不断的动力，只有全体中国人民尤其是党员干部树立崇高理想信念，才能进一步提升自身对于国家的认同感与责任感。树立远大理想不仅是对公民的基本道德要求，更是对公民道德素养的神圣标准。毛泽东同志指出，中国共产党的宗旨就是“全心全意为人民服务”，因此，这也是每一个中国共产党人的责任和人生目标。如果每一个中国共产党党员和全体中国公民都能够将社会主义理想信念作为个人的远大理想，能够坚定不移地支持、拥护社会主义理想信念，那么就能够做到全心全意为人民服务的基本要求。面对新时代、新形势，要想提升社会思想道德水平，其重要前提就是树立远大理想。理想信念凝聚了全体中国人民的美好期盼与美好愿望，也是中国共产党开展廉政文化建设的动力引擎。

邓小平曾经说过，中国革命胜利的精神动力就源自对马克思主义的信仰。随着时代的进步与发展，理想信念的内容会出现一定的改变，这种改变能够对党和政府的未来产生决定性影响。如果没有坚守住理想信念，那么就为腐败现象的出现创设了良好环境。在十九大报告中，习近平总书记反复强调了需要对党政人员开展理想信念教育的思想，并强调了开展理想信念教育的重要价值。对于党政人员而言，需要始终坚定理想信念，明确自身政治立场，树立正确的人生观、价值观，充分发挥引领作用。用崇高的道德标准来鞭策自己、鼓励自己，进而才能更好地为社会主义的建设与发展贡献自己的力量。

2. 强化“公仆”意识

早在古代，我们便将官员比作“父母”，而到了现代，官员又被称作为“公仆”，但是无论是哪种称谓、无论是哪个时代，都要知道官员的作用是为了更好地服务广大人民群众。因此，应当进一步深化公仆意识，将全心全意为人民服务的意识贯彻落实到每一个党员干部的日常工作中，使每个党政人员能够从根本上认识到“执政为民”的重要价值。要强化党政工作者的“公仆”意识，就要在党政建设各方面深入贯彻“全心全意为人民服务”的思想，使每位党政工作者的思想觉悟能够得到显著提升，将为人民服务作为开展廉政文化建设的原则与宗旨。党政人员只有真正明确自身“公仆”的角色，能够真正扎根到群众中，只有深入贯彻以人为本的发展理念，真正做到为了群众，联系群众，才能完成党政人员的个人职责，才能满足广大人民群众的物质与精神需求。

3. 增强民主与法治意识

一直以来，民主法治都是我们开展社会主义建设工作中的重要部分，也是社会主义核心价值观的重要内容。只有在全社会范围内营造自由、民主、公正的社会氛围，才能为中国特色社会主义的可持续发展提供坚实的社会基础。① 只有进一步提升广大党政人员的民主意识，做到以身作则，在日常的工作生活中严格遵循自由、平等的基本原则，才能完成党派发的任务，才能按照标准完成各项党政工作。因此，党政人员应当秉持终身学习的理念，将以人为本的思想理念贯彻到底，在尊重客观规律的同时，不断提升自身法治意识，坚持以遵纪守法为荣，树立正确的法治观念。除此之外，党政人员应当深入学习理解党的各项政策方针，严格按照法律、法规、政策、规定行事办事，真正地做到为人民服务，确保人民群众的利益不受损。为建设社会主义法治社会贡献力量，成为建设法治社会的先行者，把诚实守信理念落到实处，树立以诚实守信为荣的正确的思想观念，引导党政人员能够履行自身职责，能够勇于承担个人义务，进而能够在日常的实践工作中落实自身责任义务。

第四节　共同理想引领下的廉政文化建设

中华人民共和国的成立是由无数革命先烈用自己的生命、鲜血铸成的，是在无数华夏儿女期盼中形成的，可以说，中华人民共和国的成立是中国儿女在艰苦的斗争中不懈奋斗而取得的胜利果实。改革开放之后，中国的社会建设、经济发展都取得了十分显著的成果，政府重新界定了自身职能，实现了由计划经济向市场经济的顺利过渡。在这个过程之中，每一个成果都源自中华儿女在国家建设与发展中的艰苦奋斗。面对新时代，科学技术的不断进步使信息技术被广泛应用于各行各业中，而信息技术的引入使中国社会发生了巨大的变革。为了能够充分满足人们的物质需求、精神需求，越来越多的行业、领域都将“以人为本”确立为发展的宗旨与理念，进而更好地推动中国社会能够实现现代化、多样化的发展。因此，我们可以发现，无论在哪个时期，廉政文化建设与中国人的理想信念都是密切相关的。在共同理想的引导下，每个社会、每个阶段都会面临廉政文化建设的问题，尤其是在当前的新时代，廉政文化建设的意义与价值极为重要。

步入二十一世纪，廉政文化建设逐渐成为中国特色社会主义建设发展的重要内容。早在 2003 年年末，在全国纪检委的监察法规工作中，便重点强调了廉政文化建设的问题，

① 涂小雨. 转型期中国共产党社会整合机制研究［D］. 中共中央党校，2010.

强调在全党范围内建立反腐倡廉的严格机制。紧随其后颁布了许多针对党风廉政建设的相关法规条例，例如《中国共产党党内监督条例（试行）》等等。一年之后，廉政文化建设项目正式启动，除开展党风廉政建设之外，还针对社会公德建设等方面作出了规定，并出台了配套的法律法规，例如《中华人民共和国行政监察法实施条例》《国有企业领导人员廉政从业若干规定（试行）》。到了2005年，党中央进一步深化了廉政文化建设工作，并针对廉政文化建设工作出台了许多法规与纲要，例如《中华人民共和国公务员法》《建立健全教育、制度、监督并重的惩治和预防腐败体系实施纲要》等等，其中，建立健全教育、制度、监督并重的惩治和预防腐败体系实施纲要》成为中国廉政文化建设可行性、实践性最强的指导性文件。而自此开始，中国的廉政文化建设工作项目也正式宣布启动。2007年，廉政文化建设开始向教育领域转移，通过颁发《关于在大中小学全面开展廉洁教育的意见》，要求全国的中小学都需开展诚信教育，要求将诚信教育渗透到每个教育层次。同年，党的十七大又提出了“四德教育”的理念，要求以诚信教育为基础，开展社会公德教育、职业道德教育、家庭美德教育和个人品德教育。2008年，中共中央开始更深入的廉政文化建设进行规划，并颁布了《建立健全惩治和预防腐败体系2008-2012年工作规划》，此项规划为2008年至2012年之间开展廉政文化建设工作提供指导。2017年，在党的十八大的新要求下，我国针对廉政文化建设设置了新的目标。要求在党建工作中加入廉洁为民的内容，同时，通过开展党的群众路线教育实践活动，着重处理周围群众强烈反映的问题，确保人民群众的诉求与意愿能够得到妥善解决。实际上，在党的建设过程中，反腐倡廉始终是非常重要的一部分。无论是开展党风廉政建设还是社会公德建设，都是广大人民群众与党员干部需要重点关注的问题。各级领导干部更要自觉地坚守自身原则，在党内开展反腐倡廉工作，坚决避免以权谋私等问题的出现，一旦发现违法乱纪问题出现，必须立即调查，严肃处理。

中国特色社会主义共同理想不仅是社会主义核心价值体系的重要内容，也是社会主义核心价值体系的基本思想。作为当前我国进步发展的伟大旗帜，只有坚定走中国特色社会主义路线，树立远大的理想信念，全面贯彻落实社会主义核心价值体系，围绕社会主义核心价值体系来树立社会主义意识，才能为社会主义的发展打下坚实的基础。一直以来，共同理想都是我们维护国家统一，推动国家发展的引领旗帜。早在20世纪80年代，《人民日报》就对邓小平提出的“四有”即理想、道德、文化、纪律的培养做了详细报道，其中“理想”位列“四有”之首。改革开放后，邓小平多次谈到理想和纪律，称之为“我们真正地优势”。坚定理想信念是我们战胜困难和障碍的根本保证，严明纪律是实现理想的重要保证，团结是顺利推进建设、深化改革的基本前提。1986 年 9 月中国共产党第十二届六中全会通过《中共中央关于社会主义精神文明建设指导方针的决议》，在决议中，首次使用了共同理想的概念，并强调将建设中国特色社会主义作为中华民族与全体中国人民的共同理想。在党的十六届六中全会上，胡锦涛同志将廉政文化建设纳入中国社会建设体系中，并在《中共中央关于加强党的执政能力建设的决定》中，廉政文化建设与共同理想的基本理念有机结合在一起，也就是说，从那时起，廉政文化建设就成为中华民族的共同追求。2017 年，党的十九大重新界定了中国特色社会主义的共同理想，并进一步深化了廉政文化建设工作。

（一）中国特色社会主义共同理想基本内涵

1. 概念界定

（1）理想

“理想”一词最早产生于希腊语，直译过来的意思就是人生的奋斗目标。实际上，在中国古代，我们便已经用质来代替理想的含义。他能够描述人们在社会生活中所不断追求的终极目标，能够直接反映出人们对未来的美好生活的期待，同时，它又是一种与现实生活远远脱离的愿望，是人们在奋斗过程中人生观、价值观、世界观的具体化表现。实际上，理想更多的是人们内心产生的某种愿望，它与人类的生存和发展是密不可分的，如果没有价值层面对理想加以支撑，那么，理想便会丧失力量，而对于一个人来说，如果没有理想支撑他的生活，那么他们就会失去生活的信念。因此，从这个角度看，理想是人类生存发展过程中不可替代的，也是必不可少的，是将社会共同体团结起来的有力力量。如果将理想进行分类，可以将其分成多种类型，一方面，从内容上进行分类，可以把理想分为四种，具体包括：第一，社会理想，这种理想主要是为了描述社会成员对未来社会中的政治结构以及基本制度的设想。第二，道德理想，主要反映了人们对于文明与道德方面的追求。第三，职业理想，主要针对人们的社会事业工作，以及对自身工作发展的规划。最后，是人生理想，主要反映了人们对物质以及精神生活方面的愿望与诉求。同时，如果从主体的角度出发，可以将理想划分为个体理想与群体理想，所谓个体理想，就是指个人对自身未来发展的想象，而群体理想则是以群体为中心，强调群体共同的目标。

（2）共同理想

在上文中，我们已经提到过所谓共同理想，其核心主要围绕着群体，也就是说，强调的是社会全体成员或社会中绝大多数成员的理想与追求。因此，也可以说，共同理想能够成为一个国家、民族发展进步的支柱。共同理想能够与社会全体成员的根本利益息息相关，是社会群体对共同愿望的具体化展现。通过共同理想，我们能够直接地明确社会中不同阶层的切身利益，能够直接看到不同阶层所追求的利益目标。实践表明，如果一个国家或民族没有共同理想，那么就很有可能陷入分散主义的危机，最终导致国家丧失凝聚力。而如果一个国家或民族拥有共同理想，就会进一步提升这个国家或民族的凝聚力，使人民群众能够广泛地团结在一起，共同奋斗致力于理想目标的实现。

受生产力水平的制约，在不同历史时期，人们的社会理想是不同的，会与生产力水平相联系。例如，在中国古代，由于生产力水平较低，所以导致人们的社会理想程度也相对较低。比如《大道之旅》中就提出“老年人可以有安全感，可以强壮有用，可以年轻强壮，可以为丧偶、幼无父、老无子嗣、残疾人提供支持”而伴随着社会的不断发展，生产力水平的进一步提高，新的资产阶级也应运而生，在这一时期，社会理想开始拔高，主要以自由、民主、平等等作为社会理想。而伴随着无产阶级的出现，尤其是在无产阶级取得了革命胜利之后，社会理想便开始与无产阶级进行紧密的联系，在这一阶段，人民群众的共同理想主要围绕着民族解放与民族独立，渴望能够成立全新的人民共和国。改革开放政策实施后，中国社会发生了翻天覆地的变化，人民生活越来越富裕。建设有中国特色的社会主义国家是中国人民的共同理想。①

（3）最高理想

最高理想立足于人类的长远发展，是人类对于社会发展的最崇高的社会理想，也就是共产主义理想。共产主义理想的起源就是人类的进步与发展，也就是说，在人类社会发展进步的过程中，必然会存在着一种最高层次的社会意识形态，这就是共产主义社会。具体而言，共产主义理想主要表现为以下几个方面：第一，生产力水平极大地提高，社会产品异常丰富；第二，广大人民群众享有生产资料，彻底消除私有制与剥削制；第三，应当在全民范围内进行教育普及工作，进一步提升人民群众的思想道德意识；第四是消除阶级层次，实现城市的一体化建设；第五是按劳分配，将劳动作为人类发展的基本需求，而不是看作为一种谋生手段。

2. 共同理想与最高理想的辩证关系

最高理想往往具有长期性，因此需要一个较为漫长的时间，不断演变与发展。在开辟共产主义事业的过程中，需要踏实每一步，做到稳扎稳打，而在建设共产主义社会的过程

---

① 曹冬梅. 中国共产党构建和谐社会理论与实践研究［D］. 东北师范大学，2009.

中，每个发展阶段的发展方向就是全国广大人民群众的共同理想。

（1）共同的理想是通往最高理想的阶梯

如果想要实现最高理想，必须要从共同理想入手，最高理想实际上就是由不同的共同理想集合而得来的，在不同的发展阶段，必须要明确社会全体成员的共同理想，以此为基础，稳扎稳打，做好每一步发展工作。这样在不同历史发展时期实现共同理想的逐步叠加，递进彼此促进，才能够与时俱进，共同推动社会的发展。从长远的角度来看，最高理想发展的过程，实际上就是我们实现共产主义理想的过程，在这个过程中，需要经历四个层次，分别是：第一，少数人的共同理想，第二，绝大多数人的共同理想，第三，一个国家或几个国家全部成员的共同理想，第四，世界范围内全部社会成员的共同影响。在最初形成最高理想的时期，共同理想的目标就是实现共产主义，在这一时期目标确立的基本范围是比较有限的，伴随着社会的不断进步，共产主义的共同理想范围会逐渐增加，进而能够融入更多共同思想。同时，在共产主义形成的最初阶段，可能只有一个或少数几个国家认同这一理想，进而成立了社会主义社会，并将这种认同逐步扩散到社会全体成员中。而到了最高理想的最终阶段，则意味着共产主义已经开始向全世界逐渐扩散，世界上全部社会成员的共同理想就是共产主义理想。实际上，历史的发展演变，一方面表现出连贯性；一方面能够表现出一定的阶段性。因此，在实现最高理想的过程中，不同历史阶段能够呈现出不同的共同理想。但是无论是哪一历史时期的何种共同理想，最终都会为实现最高理想而奠定基础，并且在逐步实现共同理想的过程中，我们离最高理想的距离也在逐渐缩短。每个历史时期形成的共同理想是下一个历史时期的跳板。

（2）共同理想与自然界的最高理想是一致的

本质上看，共同理想的最终目的就是实现最高理想。二者在本质上是一样的。在现实生活中，人们对最高理想的认知在不同的历史时期、不同的发展领域、不同的社会背景下表现出不同的表现，从而形成了层次十分复杂的思想结构。社会发展具有基本的定义，在不同的历史时期，会形成不同的共同理想，而共同理想能够对应着与之相符的历史发展阶段，无论处在何种历史发展阶段，人们对于这种共同理想都会保持高度认可，这是因为不论是何种共同理想，其中所反映出来的，就是在当时的历史背景下，人民群众最渴望的，最想追求的根本利益，因此，从这个角度看，共同理想能够唤醒广大人民群众强大的凝聚力，能够使共产党员与非共产党员团结到一起，使他们能够树立起相同的人生观、价值观和世界观。通过对共同理想的构成进行分析，我们可以发现，从本质上看，共同理想与最高理想是具有一致性的，具体表现为：第一，无论是共同理想还是最高理想，在追求的过程中，都会保持高度一致；第二，无论是共同理想还是最高理想，其都围绕着广大人民群众的根本利益，都能够代表最广大的人民群体。在共产党的正确领导下，建设具有中国特色的社会主义社会，实现共产主义理想，能够使我们的物质生活得到极大的改善与提升，促进人民精神生活，使社会自由、平等、民主、和谐发展，建设科学、美丽的社会主义新形态，巩固社会主义发展建设新形态。当然，有阶段的共同理想和最高理想还是有一些区别的，直接体现在理想的达成上。有阶段的共同理想是社会短期发展中的实践目标，能够使实践结果更加直观。最高理想实际上就是社会在发展过程中需要长期践行的目标，在短期内，我们很难看到最高理想的发展成果，如果从共同理想与最高理想之间的关系进行分析，我们可以发现，每个阶段的共同理想，在经过叠加系统化之后，最终会形成最高理想，根据历史发展的进程，最高理想可以被拆分为多个不同的阶段，每个对应的阶段会产生一个共同理想，因此，可以说，最高理想是由共同理想组成的，共同理想的实现，能够为最高理想的实现奠定基础。

（3）共同理想的实现是一个向最高理想转化的过程

我们应当认识到，最高理想与幻想并不是一个概念，最高理想需要有现实基础进行支撑。在不同的历史阶段中，共同理想的实现，能够使我们与最高理想之间的距离不断缩短，而通过不断实现不同阶段的共同理想，最终能够将共同理想逐步转化为最高理想。通过对马克思主义的理论观点进行研究可以发现，通过实现逻辑与历史相统一，能够帮助我们更好地认识理解共同理想与最高理想的转化关系。对于当代的中国特色社会主义而言，人民群众的共同理想就是建设中国特色社会主义社会，这也与我国的实际发展国情是相符的。① 怎样才能实现这一共同理想呢？首先，应该充分调动各级党政干部与广大人民群众参与到共同理想，不断端正自己的政治态度，坚定不移地沿着中国特色社会主义道路奋勇前进，全面贯彻和落实党和政府部门制定的各项政策方针，坚持以人为本，密切联系群众，只有这样，我们才能够不断地实现共同理想，才能够不断迈向最高理想，最终，推动中国特色社会主义不断进步。

3. 中国特色社会主义共同理想的基本内涵

在党的十九大之后，我们确立了全面建设小康社会的共同目标，在十九届六中全会中我们又再次强调了构建社会主义和谐社会，而如今，社会主义核心价值观应当是全国及全体中华儿女的共同理想。换句话说，中国特色社会主义的共同理想必须要由中国共产党的

① 徐同彤. 习近平时代观研究［D］. 昆明理工大学，2019.

引导与保驾护航，才能得以实现。基于我国当代社会发展的基本情况，进一步完善我国社会主义基本制度，妥善处理好社会发展中各领域之间的关系。

（1）中国特色社会主义是超越古今的社会主义新形态

在历史上，中国特色社会主义的出现是空前的，具体表现为下列三个方面：第一，中国特色社会主义理论体系与过去人类历史发展中任何阶段形成的理论体系都存在着很大的差异，同时，也与苏联模式下的社会主义存在着许多差别。之所以会出现这种情况，归根结底是因为中国特色社会主义理论体系的领导者是中国共产党，而中国特色社会主义理论体系是全体中国人民所特有的，因此，一方面，具有浓厚的中国风格；另一方面，蕴藏着浓厚的中华民族精神。第二，中国特色社会主义理论体系广泛借鉴和吸收了资本主义的先进优秀元素，但与资本主义制度在本质上是不同的。① 因此可以说，社会主义的发展已经超越了资本主义，它吸纳了人类文明，在发展过程中积累的优秀文化成果，吸纳了古今中外的优秀理论思想，因此，社会主义理论体系明显超越了资本主义理论体系。第三，中国特色社会主义理论体系凝聚了中国五千多年以来优良文化传统的全部璀璨精华，是中国优良传统文化的继承。

（2）中国特色社会主义建设阶段所产生的共同理想是一种具有综合性的社会理想

我们知道，共同理想是具有阶段性的，而不同历史阶段所形成的共同理想，是存在一定差异的。当前，我国正面临着社会主义建设发展的关键阶段，在这个阶段，我们所形成的共同理想是一种综合性的理想，中国特色社会主义与现代化进程协调发展的理想。一方面，它能够实现个人理想与集体理想的整合，使个人理想能够拥有精神支柱，并为个人理想的实现奠定基础。但是另一方面，中国的共同理想涉及了社会发展的许多领域，包括政治发展、经济发展、文化发展等等，因此，为了能够妥善处理这些领域的发展问题，习近平总书记研判中国国情，专门提出了社会主义核心价值观理论体系，针对中国未来的发展，树立了共同的理想。我国社会主义现代化阶段的发展目标主要围绕着富强、民主、文明、和谐而开展，这是社会主义核心价值观与社会主义现代化发展相结合的产物，也是我国在建设社会主义核心价值观体系中的最高层次，这对于实现我们的最高理想起到了极大的激励作用。首先是富强，富强的内涵，实际上就是富国强兵。这与理想目标是我国进行现代化建设，在经济领域的重要目标也是推动中华民族伟大复兴建设的渴望与夙愿，是实现人民幸福伟大目标的重要基础。其次是民主，民主主要反映出了在人类社会发展过程

① 周锐. 大学生社会主义核心价值体系教育研究［D］. 齐齐哈尔大学，2013.

中，人民群众对渴望当家做主人的基本诉求，也是我国开展现代化建设，在政治领域的基本要求更是社会主义建设的生命力与灵魂，也是社会主义现代化国家的重要标志。民主的理想能够为人民过上美好幸福生活，在政治上创设良好环境，同时，民主也是全体公民享有的基本权利。第三是和谐，和谐在我国已经拥有了悠久的历史传统，是我国传统文化中的基本理念，能够反映出我国现代化建设在社会领域中的基本要求，进而为建设经济社会提供更加稳定的保障。最后是文明，文明所强调的是，人们在社会实践生活中，对于精神文化的需求，通过采取多样化的方式，能够使广大人民产生更多精神财富。具体到社会实践过程中，富强、民主、和谐、文明这四个发展目标能够成为我国开展特色社会主义社会建设的重要依据，使政治文明、物质文明、精神文明、生态文明在现代社会发展过程中和谐统一、全面发展。

（3）中国特色社会主义建设阶段产生的共同理想是具有阶段性的理想

每一阶段的共同理想的实现，都在为实现最高理想奠定基础。必须要认识到，共产主义理想并非能够在短期时间内得以实现的，必须要分成几个阶段，只有几个阶段的共同理想实现，才能迈进最高理想。因此，相对于较为宏观的最高理想而言，阶段性的共同理想，在具体的实践过程中，有非常具体性的规定，因此，能够与广大人民群众的生活更加贴近，而在阶段性的共同理想的逐步发展过程中，我们会不断向最高理想靠拢。例如，具体到中国特色社会主义共同理想，在 21 世纪中，我们设定的前 20 年的目标是全面建成小康社会，而到 21 世纪中叶，我们的共同理想是基本实现现代化。十九大报告以不忘初心、牢记使命，全面建成小康社会等主题，开展了关于中国特色社会主义建设的系列研讨活动。要知道，当前，我们正面临着中国特色社会主义发展转型的关键时期，十九大会议在全面建成小康社会的进程中扮演着至关重要的地位，与国家发展，与人民的生活都息息相关。

（4）中国特色社会主义建设阶段产生的共同理想，是得到广泛认同和追求的理想

在整个社会发展的过程中，可能会出现许多理想，但并不是所有理想都应该被囊括在共同理想的范畴之内，有一些理想，仅仅是少数人的理想，因此，只能代表那些少数人的诉求，这种理想并不叫作共同理想。所谓共同理想，首先强调的是具有社会性和普遍性，它能够代表国家与全体人民的共同愿望，他与广大人民群众的根本利益息息相关，能够得到广大人民群众的拥护与认可。在社会主义建设的过程中，我们能够从不同的角度挖掘潜藏在深处的党政干部与广大人民群众的诉求与愿望，同时，我们也能够发现，在各个历史时期，党与国家以及广大人民群众的个人利益和共同理想是高度一致的，只有达到这种高

度一致，才能够进一步推动国家发展。

（5）建设中国特色社会主义阶段产生的共同理想就是具有中国特色的理想

中国特色社会主义的建设首先应当充分彰显中国的特色，也就是说，在建立社会主义制度的过程中，应该使制度富有中国特色。马克思、恩格斯提出了社会主义理论体系，随后列宁以及斯大林等政治家们对这一理论进行了拓展和延伸。在建立中国特色社会主义的过程中，党的第一代领导人毛泽东提出，需要在中国建立社会主义制度，并且这一提议得到了许多革命先辈的认可。随后，社会主义开始在中国范围内实施。因此，中国的社会主义首先是极富毛泽东思想色彩的。在此之后，中国共产党的第二代领导人邓小平同志在全国范围内贯彻实施改革开放政策，使中国社会开始飞速发展，步入了社会主义建设的新局面。而进入新世纪，在胡锦涛同志的带领下，我们开启了中国特色社会主义建设，中国的社会发展进入了一个全新的时代。而最近几年，在习近平同志的正确领导下，我们实现了全面建成小康社会的重要目标，打造了覆盖全社会的具有中国特色的社会主义核心价值观体系。要知道，中国特色社会主义发展，是动态变化的，会随着历史阶段的不断变化而不断更新。尤其是在中国出台了改革开放基本政策之后，中国的社会主义建设向共产主义最高理想迈出了一大步。

（6）中国特色社会主义共同理想开辟了中国特色社会主义发展道路。

在整个中国特色社会主义建设发展的过程中，不同的阶段形成了不同的共同理想，共同理想为中国社会在不同阶段的发展提出了具体的目标，同时，也为党政工作提出了正确的方向。① 只有在中国共产党的引导下，对社会主义建设进行不断的认识与探索，才能够有效推动中国社会的发展。因此，要想实现中国特色社会主义建设的共同理想，就必须将中国特色社会主义道路坚持到底。

（二）中国特色社会主义共同理想的形成和发展

1. 基于历史发展背景，形成中国特色社会主义共同理想的必然性

根据马克思与恩格斯的观点，社会主义是以无产阶级为主体构建的政治制度，选择在中国推行这种制度，得到了中国共产党全部党员的认可。因此，建设社会主义国家，是中华民族在长期的奋斗中而获取的胜利果实，更是广大人民群众的愿望与期盼。

（1）是近代中国历史发展和新民主主义革命实践的结果

① 林敬雅. 马克思主义中国化进程中的“中国梦”［J］. 学理论，2015（27）.

中华民族有五千多年的历史。它在世界文明的发展中是辉煌的。然而，受清末腐败的政治经济制度的影响，梳理近代以来的中国历史可以发现，在近代中华民族甚至开始走向没落，在这一时期，中国人民遭受了前所未有地磨难。救亡图存实现民族独立，成为每一个华夏儿女的愿望。自从中国共产党诞生之后，结合中国的实际情况，终于探索了中国发展的正确道路。经过无数实践证明，要想实现民族独立，要想实现富强民主，必须坚持共产党的领导，坚持走社会主义道路，坚持将共产主义作为全体中华儿女的最高理想。俄国的十月革命为中国的社会主义建设提供了经验与思路，而中国的许多革命先烈都将马克思主义作为开展社会主义建设的指导思想，为共产主义在中国的发展开辟了道路。在新民主主义革命取得胜利以后，中国便开始开展社会主义革命，同时也拉开了中国特色社会主义发展的序幕。

1953 年，中国正式开始进行社会主义改造，主要针对中国的三大产业，农业，手工业和资本主义工商业。社会主义改造是由新民主主义过渡到社会主义的必经之路，通过社会主义改造，能够妥善处理好民族资产阶级与工人阶级之间存在的矛盾。经过了三年三大改造任务顺利完成。社会主义改造为后续开展社会主义工作扫除了思想障碍，为社会主义改造工作顺利开展提供了有利条件，使中国社会能够广泛地开展社会主义建设工作。1978 年，我国正式开始实施改革开放政策，在改革开放政策的大力引导下，中国经济体制发生了翻天覆地的变化，这使得中国的社会经济成功地由计划经济的体制转化为市场经济模式，在市场经济的推动下，中国经济水平得到了显著提升，市场经济结构得到了进一步完善，城乡居民的生活水平得到了有效改善，同时出台了配套的发展战略，为中国特色社会主义的发展奠定了坚实的基础。

（3）是世界社会主义运动后的深刻启示

在建设社会主义的过程中，中国不仅吸纳了许多国内外的先进经验，同时，也充分总结了国内在革命工作中取得的经验教训，受到俄国十月革命的影响，在二战结束以后，世界范围内，许多国家都建立了社会主义体制，前所未有地充实了社会主义阵营。但要知道，社会主义运动的发展，毕竟要受到一定的阻碍，加上多种社会因素对社会主义制度的冲击，导致许多国家在开展社会主义建设工作时出现了很多变化。例如，苏联的解体以及东欧剧变等，这些变化使得社会主义运动陷入低潮。但是与此同时，中国却坚定不移地发展具有中国特色的社会主义体系，并在这一时期取得了巨大的建设成就，充分地向世界证明了选择社会主义的正确性，充分地向世界证明了走中国特色社会主义道路的正确性。

2. 中国特色社会主义共同理想的形成过程

经过了中国共产党不断的实践与探索，结合中国的实际情况，我们树立了中国特色社会主义的共同理想，这个理想就是贯彻执行马克思列宁主义，结合中国的实际国情，探索符合中国社会发展要求的，具有中国特色的社会主义发展道路。在新中国成立以后，中国共产党宣布正式在全国范围内构建中国特色社会主义政治格局，作为中国共产党的第一代领导人，毛泽东开启了探索社会主义道路的伟大实践，先后提出了“四个现代化目标”的提出和“分步走”战略的实施等一系列与社会主义建设相关的重要思想和理论体系。这为我们后来推行改革开放制度，深化社会主义现代化建设，积累了宝贵的经验。同时，毛泽东同志的伟大实践也为构建中国特色社会主义理论体系，提供了丰富的参考与借鉴。在此后，邓小平同志也开始了向社会主义道路不断探索的伟大进程。1982 年，中国共产党第十二次全国代表大会正式召开，邓小平在中共中央关于社会主义建设工作的会议上首次提出，将马克思主义原理与中国的实际情况进行有机结合，开辟出符合中国国情的，具有中国特色的社会主义发展道路，这为后来我们建设社会主义指出了明确地发展方向。

在党的第十二届六中全会中，通过了《关于社会主义精神文明建设指导方针的决议》。决议中指出：当前，我国全体人民的共同理想就是建设中国特色社会主义理论体系，把中国打造成集合高度民主与高度文明于一体的社会主义现代化国家。党的第十三次人民代表大会则着重阐述了共同理想的内涵，指出，当前我国正处于社会主义初级阶段，应当将建设富强、民主、文明的社会主义国家作为当前建设发展的新目标。与十二届六中全会对共同理想的描述进行对比，此次会议删除了“高度”，并在其中增加了“富强”这一规定。也就是说，要求将“富强”作为在此阶段我国发展的共同理想。彰显了社会主义在建设过程中的基本特征，同时，进一步加深了人民对社会主义建设的理解。在第十四届全国人民代表大会中，强调为进一步推进社会主义现代化建设，使社会主义事业取得伟大胜利，要求尽快加速改革开放的步伐。第十五次全国人民代表大会中又再次强调，进一步推进 21 世纪中国特色社会主义事业的建设与发展。

党的十六大正式提出“中国特色社会主义”的理论构想，在此阶段，我国确立的共同理想为全面建成小康社会。在 2006 年 9 月，党召开了第十六届六中全会，进一步对中国特色社会主义建设事业进行了阐释，并且提出应当将此阶段的共同理想确定为富强民主文明和谐。富强民主文明的共同理想，最早出现于第十三次人民代表大会，在此基础之上增加了和谐，是基于对中国社会发展基本国情的判断，同时也是对社会主义建设事业的深度理解。在党的第十七次人民代表大会中又强调了全面建成小康社会的共同理想，实现了社会主义建设与社会主义现代化发展的有机结合，使中国共产党的前瞻性得以充分彰显出来。

2012年，党召开了十八届全国代表大会，此次会议召开的宏观背景是当前世界正处于大变革的重要时期，更是我国迈向小康社会的重要时期。因此，必须深入贯彻科学发展观的基本理念，将其作为中国共产党开展社会主义建设事业的基本思想，将科学发展观纳入中国共产党领导章程，明确政治体制改革以及社会建设的方向。将全面建成小耿社会，确定为在此阶段社会发展的共同理想，在推进社会主义建设的过程中，加强生态文明建设，推动城乡融合发展的同时，促进政治体制的改革。在2017年，中共召开了第十九届全国人民代表大会，此次会议中，将不忘初心、牢记使命，实现中华民族伟大复兴中国梦不懈奋斗等几个重要的思想理念，作为了会议召开的主题，从而从社会主义核心价值观的三个不同层面，结合中国社会发展的实际情况，确定了在此阶段中国社会发展建设的共同理想。

（三）中国特色社会主义共同理想的功能和价值

1. 能够集中体现社会主义核心价值体系中的理想信念

无论价值体系是什么，都需要有理想信念的追求。马克思主义理想信念成为我国获取革命胜利的精神支柱，也是我们开展社会主义建设的强大动力。在中国共产党人领导全体中国人民开展社会主义建设事业的过程中，始终贯彻马克思主义指导思想，坚持树立远大理想，结合理想与现实，使远大理想成为全体党员以及广大人民群众生活中不可替代的重要部分。在此阶段，中国特色社会主义共同的理想是构建以社会主义核心价值体系为核心的社会主义国家，进而引导中华民族不断奋发向上，凝聚各族人民共同进行团结奋斗。中国特色社会主义的共同理想，一方面是基于对中国社会发展规律的充分掌握，同时也是对广大人民群众根本利益诉求的回应，是号召全体华夏儿女共同为理想目标而奋斗的强大精神力量。在这里，需要将中国特色的特点进行重点强调，构建完善的科学的社会主义核心价值体系，使其成为全体中华儿女的精神力量，成为团结各族人民的思想纽带，进而能够助力于中国特色社会主义事业的开展，能够在实现社会稳定和谐的基础上，促进中国特色社会主义事业的进步。

2. 中国特色社会主义共同理想指明了前进方向和奋斗目标

如今，我们的改革开放事业已经步入了关键时期，正面临着结构与体制的转型，同时，由于受到多种因素的影响，包括社会矛盾越发复杂，利益关系呈现多元等，可能会侵蚀人的思想，导致迷失方向，最终造成灾难的发生。因此，应该进一步提升党的创造能力，进一步提升全体中国人民的辨别能力，共同致力于社会主义事业的建设与发展，在全党及全国范围内确立共同的发展目标，明确共同理想。只有使广大人民群众能够深入了解、认同中华民族的前途命运，实现广大人民群众愿望与诉求的共识，才能使广大人民群众团结起来，共同为实现理想目标而不断奋斗。① 面对着改革开放的关键节点，共同理想能够为广大人民群众规定发展方向，能够使广大人民群众进一步了解我们奋斗的目标。

3. 中国特色社会主义共同理想提供强大精神动力

在社会主义的发展过程中，社会主义经济成分，利益分配关系等都会发生深刻的变化，人们的思想也会随着这种变化而表现出多元化的特点。面对这种经济社会关系的变化，要求广大人民群众能够坚定自身理想信念，始终保持高昂的斗志。通过树立共同理想，能够引导全体中国公民立足于当下，立足于中国的发展，将集体的利益放在第一位，能够使广大人民群众使用理性的头脑进行冷静的分析，坚信党的行为，认同国家发展趋势，树立正确的价值观念。要求广大人民群众能够自觉地把个人利益与集体利益进行有机结合，把个人奋斗转化为向实现中华民族伟大复兴梦而不断奋斗。基于思想多元化的重要背景，通过树立共同理想，能够使广大人民群众获得更多奔赴共同理想的力量。

4. 中国特色社会主义共同理想确定了基本的道德规范和行为准则

对于中国特色社会主义事业而言，这是一项空前的，崭新的革命由于缺少实践经验，我们在不断摸索的过程中，可能会遇到许多新的挑战，针对这些出现的新问题，我们应当采用马克思主义的科学世界观，不断探索问题解决的路径。如何明确新形势新特点，需要严格按照一定的道德标准或者遵循相应地纪律规范，不断对个人与他人，集体与社会的关系进行调整。在树立了共同理想之后，广大人民群众就会产生一个基本的道德规范，相应地，政府需要以此为基础，出台更高层次的法律制度。换句话说，在树立了共同理想之后，社会也就有了法律的思想基础。共同理想使每一位社会成员都能够以此为基础展开正确的思想认识，在行为办事的过程中，有了明确的思想标准，在日常的社会实践中，需要严格遵守相关的行为规范。对于每位社会成员而言，都需要按照规范形式约束自己的言行，从而实现社会成员的上下一心。

① 孙丹丹，赵世杰. 习近平总书记关于高等教育的重要论述［J］. 学理论，2021（05）

第三章 我国廉政文化建设的现实挑战

第一节　廉政文化建设的客观现状

进入新时代，反腐倡廉工作越来越被高度重视。然而，从我国廉政文化建设的实际情况来看，还存在着诸多问题，一定程度上制约了我国反腐倡廉工作的高质量发展。

一、新时代廉政文化建设成果

随着社会的不断进步，我国进一步深化廉政文化建设，同时通过不断的努力，使廉政文化建设取得了相当显著的成果，进一步推动了我国社会主义现代化的进程。通过对廉政文化建设取得的成果进行研究与分析可以发现，当前我国廉政文化建设在取得成果方面，主要包含下列六个部分：第一，廉政文化建设以理论研究为核心。在全国范围内广泛开展社会主义理论体系研究，深入贯彻马克思主义思想，大力宣传马克思主义中国化的重要价值，构建完善的中国特色社会主义理论体系，进一步提升社会主义核心价值观在全社会范围内的影响力，从而使社会主义核心价值观能够得到人民群众的广泛认可，为廉政文化建设奠定发展基础。第二，以积极教育为主要方式。通过对全国党政干部和公民进行廉政宣传教育，大力宣传先进模范人物的感人事迹，增强廉政理念在全社会的影响力，增强我国社会发展的凝聚力。第三，开展多样化的反腐倡廉宣传教育活动。通过教育活动，能够为受教育对象开展警示教育，从而为全体党政人员和公民敲响警钟。第四，创造丰富的廉政文化活动。采取“教育一体化”的方式，注重廉政文化的丰富性和多样性，并在全国范围内推广。第五，将重点放在廉政文化阵地建设方面。通过成立全国廉政教育示范基地，充分挖掘廉政教育资源。充分发挥革命纪念地，爱国主义教育基地的重要教育作用。第六，做好廉政文化建设的安排部署工作。中共中央制定印发《关于加强廉政文化建设的意见》，成为我们开展廉政文化教育的重要理论依据，进一步提升了我国廉政文化的建设水平。党中央统一安排，统一部署到地方政府，结合本地区实际情况进行规划，廉政文化建设在我国的各个地区都得到了深化，进而形成了一个具有中国特色，具有中国民族风格的廉政文化体系。在新时期，在推进我国廉政文化建设的过程中，无论是对廉政文化内容的丰富，还是对廉政文化载体的优化，抑或是对廉政文化建设理论的扩展，都取得了一定发展成效，具体而言：

（一）建设廉政文化，构建强有力的保障组织

无论是胡锦涛同志所提出的廉政文化建设的思想，还是习近平总书记对廉政文化建设相关工作的进一步深化，党和中央政府都陆续出台了相关政策机制，为廉政文化建设工作提供保障。通过统一部署的方式，能够进一步提高廉政文化建设的组织性，同时能够使廉政文化建设更加系统化，尤其是在新时代的宏观背景下，党的十九大能够为廉政文化建设提供一定的保障，并针对廉政文化建设设置专门的保障机构。①

（二）营造倡导廉政文化的社会氛围

我国首次提出廉政文化建设是胡锦涛同志在党的十六届三中全会上提出来的，随后，中央纪委针对廉政文化建设工作出台了很多文案和资料，并将这些文案资料发放到全国各省市自治区，在全国范围内掀起了廉政文化建设的高潮。从十六届三中全会到十九大，从胡锦涛同志到习近平总书记，廉政文化建设随着我国的社会主义建设工作而不断深化，一系列廉政文化建设相关的材料与政策也逐渐被推广到社会的各个领域。2007 年，十七大报告提出了四德教育，这为后续进一步深化廉政文化建设奠定了良好基础。2013 年，为了能够进一步深化党风廉政建设，党中央提出了四风问题，要求对形式主义，官僚主义以及享乐主义等问题进行严肃查处。同时明确指出，四风问题对党以及政府在全国人民心中的形象造成了负面影响，严重损害了党与人民群众的血肉联系，是党与广大人民群众深恶痛绝的毒瘤。为了能够进一步加大党风廉政建设的力度，2016 年，中共中央提出开展“两学一做”活动，通过“两学一做”活动，能够进一步规范党政人员的言行，在党内做好党风廉政建设工作，进而充分发挥党政干部在日常生活中的领导带头作用。

---

① 郝帅. 改革开放以来中国共产党廉政文化建设研究［D］. 长春工业大学，2020.

（三）创新廉政文化建设的形式

自古以来“以德育人”就是我国文化传统中的优秀思想，其充分表明了德行在中国人的日常生活中的重要价值。对于一个人来说，成为有道德的人，是其在社会生活的前提，基础文化是人类的内在价值。在新时代中开展廉政文化建设，首先，需要贯彻以人为本的发展理念，基于人的实际情况，进一步丰富个人内涵，从而能够打造良好的个人形象。同时，在开展廉政文化建设时，应当将各地区的文化资源、地方特色充分利用起来，充分调查广大人民群众的真实需求，结合需求情况，不断推进廉政文化向不同地域文化建设的渗透，使廉政文化建设能够延伸到社会的其他领域中，加大廉政文化宣传力度，营造良好社会氛围。

在廉政文化建设的实际操作过程中，应当充分彰显廉政文化建设的基本特色，要重点抓好以下三个方面：一是品牌特色。“品牌”是某种事物在人们意识形态中的综合定位和直观反映，因此，相较而能够表现出一定差异性。但品牌打造是一个长期的过程，在我国廉政文化建设的新时代，要彰显中国特色和时代风貌，一定要使文化能够具备独特的品牌形象，使文化能够具备与众不同的品牌特色，从外到内逐层推进廉政文化建设工作，使廉政文化建设的内容具有渐进性与连贯性。只有尽可能地使廉政文化的建设内容更加生动，才能进一步提升廉政文化建设内容的吸引力，才能吸引广大人民群众的注意力。因此，在打造廉政文化品牌特色时，应当注重创新廉政文化作品，进一步提高廉政文化活动的精致水平，打造一地一品牌的新格局。从而才能够使廉政文化充分吸引广大人民群众，使人民群众能够认同廉政文化建设，充分发挥廉政文化在社会范围内的影响力。① 二是地域特色。由于我国幅员辽阔，不同地区的资源各不相同，为了能够进一步提升廉政文化建设的经济价值，廉政文化建设人员应当充分了解当地的资源情况，善于就地取材，将廉政文化建设与当地的地方特色进行有机结合，确保廉政文化建设能够与本地区的实际情况相贴合，同时，应当使廉政文化建设具备本地区的地域特色，进一步增强本地区人民群众对廉政文化建设的认同感。② 三是文化特色。在整个文化体系中，廉政文化是非常重要的一部分，也是我们开展反腐败教育的有效途径。在开展廉政文化建设过程中，需要充分利用廉政文化宣传教育渠道，加强与社会与学校的联系，贯彻落实四德教德教育严肃处理四风问题，针对党内存在的反腐败行为，需要严肃惩处，进一步加大廉政建设的力度。

---

① 何静. 十六大以来中国共产党对廉政文化建设的探索［D］. 广西大学，2012.

② 李铜川. 关于国企构建廉政文化的初步思考［J］. 工会论坛，2005（05）.

（四）不断深化廉政文化理论的研究内容

廉政文化理论体系以马克思列宁主义基本原理为理论基础，结合我国社会发展基本情况，采用批判的眼光，将我国传统的廉政文化继承与发扬起来，同时，伴随着时代发展，应当进一步吸纳国外先进优秀的廉政文化内容。应当在廉政文化建设的过程中，应当贯彻落实全心全意为人民服务的基本宗旨，应当将人民的利益作为党风廉政建设的出发点与落脚点，坚持清廉治国，坚持反对腐败，坚持把人民群众的利益放在首位，充分结合我国的实际情况，考量广大人民群众的真实需要。基于从严治党的战略方针，应当在党内建立严格的民主监督制度，并且将其作为廉政文化建设的基本保障，使广大人民群众能够共同参与到廉政文化建设的过程中，从而进一步深化廉政文化对人民群众的影响。通过在社会范围内弘扬勤俭节约、艰苦奋斗的革命精神，能够有效提升党员干部的思想水平，提高群众的道德修养，从而进一步提升党员干部与广大人民群众的抗腐败能力。随着社会经济水平的提高，人们的物质生活得到了显著改善，与此同时，人们也对廉政工作的开展予以了高度重视。因此，要不断加强廉政文化宣传和思想教育，全面提升公职人员廉政意识，落实廉政文化建设工作。

在党的十九大报告中，习近平总书记着重强调了文化对于国家、对于民族的重要价值，他指出，文化是国家与民族的灵魂。如果中国不对自身民族文化保持高度自信，那么自然也不会有文化的繁荣昌盛，就更不会有中华民族的伟大复兴。因此，我们必须要坚持走中国特色社会主义文化发展道路，实现文化强国。基于社会主义核心价值观理念，我们能够看到，全体中国公民在此阶段的共同理想，社会主义核心价值观也是当代中国精神的具体化。在对广大人民群众进行思想教育的过程中，应当注重以教育为切入点，加强思想引导，通过制度规范来约束个人行为。要充分发挥社会主义核心价值观对于中国社会发展的重要价值，进而能够打造出更多具有创造性的精神化产品。应当在社会的各个领域中引入社会主义核心价值观，进一步提升广大人民群众对社会主义核心价值观的认同感，同时，需要继承和发扬中国优秀的传统文化，探寻蕴藏在传统文化背后的文化内涵，使中国文化能够充分放出自己的光彩。

具体到新时代中国廉政文化的建设工作，习近平总书记指出，“必须打赢反腐败斗争，推进廉政建设”。纵观古今中外社会的发展过程，人们对腐败都有一种排斥和敌视的感觉。通过对中国共产党建设与发展历程进行分析，我们可以发现，腐败问题成为党和政府进步发展的重要阻碍，面对这种情况，我们必须要将廉政贯彻到党内工作的全部过程，真正做到立党为公，执党为民。

同时，基于我国的实际情况，党和政府应当针对廉政文化建设而制定出配套的监督制度，通过依法治国，以德治国等思想方略，使廉政文化建设能够有法可依。进一步加强监督力度，构建有效地权力运行机制，从而打造和谐的民主的法治社会。通过进一步完善组织监督机制，加强监督力度，充分发挥同行监督的重要作用，能够使党内监督工作的成效得到显著提升。同时，应当注重深化政治体制改革，加强政治巡察工作，明确每个党员干部的权职责任。

新时代中国共产党要立足中国基本发展条件，着眼长远看问题，更加重视廉政文化建设工作，不断提升廉政文化建设在中国社会的影响力。

二、新时代中国廉政文化建设的主要问题

新时期，我国廉政文化建设的内容逐渐丰富，形式逐渐多样，并且在具体的实践过程中取得了相当显著的成果，但是在开展廉政文化建设的过程中，依然存在着一定问题，例如，腐败现象还没有被完全消除，这对于廉政文化建设的发展造成了一定阻碍。通过进行深入研究，我们可以发现，廉政文化建设的情况能够决定其在整个社会内的普及与渗透情况，各地区的腐败情况也与当地的廉政文化氛围密切相关。当前，我国在开展廉政文化建设的过程中，在政治、经济等领域，还存在着许多问题，这对于反腐倡廉工作带来了许多负面影响，具体表现为：

（一）对廉政文化建设缺乏全面系统的认识，制约了廉政文化的发展

由于廉政文化建设者没有从多角度、多层次地对廉政文化进行分析，对廉政文化建设内容的认知缺乏全面性、整体性和系统性。因此，我们不能以发展的角度来对廉政文化建设的相关问题进行考量，在建设廉政文化的过程中，必然会存在着一定的盲目性。例如，在具体的实践过程中，没能认识到廉政文化建设是当前我国社会发展的必经之路，或者没有科学地看待廉政文化建设的内容。面对这种情况，如果廉政文化的建设者没有对廉政文化建设产生正确的认识，那么他自然也不会全身心地投入到工作中，在建设过程中也不会端正自身工作态度，导致廉政文化建设的内容没有得到充分落实。一些单位在开展廉政文化建设时处于“盲目”跟风状态，将廉政文化建设归为一种特殊的工作形式，没有对廉政文化建设对于社会主义发展的价值产生正确的认识。有许多单位在开展廉政文化建设的过程中，经常会遇到一些如何做，怎样做的问题，而这些单位往往在遇到困难时，都是无从

下手的，导致没有结合本单位的实际情况，做出了一系列不合理地廉政文化建设规划。同样没有结合本单位的实际情况，有的单位选择照搬其他单位的廉政文化建设模式或内容，甚至有些单位盲目地使用传统落后的廉政文化建设方法，没有及时更新廉政文化建设内容。有些单位没有将廉政文化建设落实到位，使廉政文化建设流于形式。还有单位，由于没有充分认识到廉政文化建设对于社会政治经济发展的重要作用，因此，没有把廉政文化置于大局中进行统筹安排。

廉政文化建设者如果没有对廉政文化进行准确、科学的界定，如果仅仅把廉政文化建设看多一种文艺活动，简单地用文艺活动来代替廉政文化，那么必然会对廉政文化建设的效果造成一定影响。某些地方单位会单纯地认为廉政文化活动是与文艺活动相同的，但我们应该知道，廉政文艺活动仅仅是廉政文化建设的一种重要的途径，但不能用廉政文艺去代替廉政文化。具体到实施过程中，有些单位在廉政文化建设方面没有更新建设方法，导致廉政文化的感染力下降，没有充分发挥廉政文化建设的功能与作用。

（二）廉政文化建设内容脱离社会生活实际

在廉政文化建设的过程中，要关注廉政文化发展的客观规律。既要提前做好廉政文化的理论研究，又要加大对廉政文化建设的投入，全面落实廉政文化建设。但从新时代我国社会发展建设中廉政文化的实际情况来看，廉政文化建设最核心内容就是宣传教育活动，但是在实际开展这些活动的过程中，没有深入其中，反而使这些活动停留于表面，最终呈现出“形式主义”的现象。① 廉政文化建设的政治功能、经济功能、文化功能和社会功能不仅没有得到充分发挥，而且对廉政文化建设产生了一定的负面影响，导致廉政文化建设工作的影响力被削弱，无法在广大人民群众心中树立威望。

（三）廉政文化建设各地区差异较大，呈现发展不平衡态势

当前，中国的社会发展情况主要呈现出了东西部发展不平衡的局面，这对于中国社会建设造成了一定的阻碍。受到社会发展水平的影响，反腐败文化建设也呈现出了这一特点，因此，这使得在不同地区反腐败文化建设取得的成效是存在较大差异的。通过开展深入的调查研究可以发现，廉政文化建设与当地的社会经济发展水平存在着一定关系。廉政文化建设能否为地方党政人员和人民群众所接受，能够对廉政文化活动开展的方式选择的

---

① 王东波，刘江茹．加强我国廉政文化建设应注意的几个问题［J］．教育教学论坛，2014（18）．

内容以及面向的对象造成一定影响。而当地的党政干部以及广大人民群众是否愿意接受廉政文化，愿意积极投身到廉政文化建设活动中，对于廉政文化建设的成果，能够产生直接影响。

（四）廉政文化建设缺乏渗透性，没有形成良好的廉政社会氛围

廉政文化的建设成果主要会受到廉政文化建设在社会领域中的渗透程度的影响，这就意味着，廉政文化建设的渗透性，能够对廉政文化，社会氛围造成一定影响。由于当前社会宏观背景为新时代具有新特点，廉政文化建设存在着渗透性不足的问题，具体表现为：第一，党员干部的意志不坚定。在廉政文化建设过程中，总有部分党员干部不能坚定自己的理想信念，不能抵御生活中遇到的诱惑，受到个人私欲的影响，导致其滥用职权牟取私利。最近几年，党和政府对于腐败的管理力度逐渐增强，但腐败现象还是屡禁不止，这严重影响了党政干部在广大人民群众心中的形象。第二，存在极端个人主义。受到极端个人主义的影响，如果人们遇到了个人利益与他人利益与集体利益的冲突时，可能会为了个人利益而牺牲他人的利益，而这就成为腐败现象发生的原因。第三，家长制盛行。有的领导干部特立独行、独断专行，在党政工作中无视民主和公平，盲目地根据个人的思想意识，无约束地行使党政职权，没有抛弃封建社会的官僚主义思想。第四，官本位思想严重。受到历史遗留因素的影响，当前，在党政工作中，官本位问题还没有得到完全的根除。官位被视为人生最高的价值追求，被作为衡量人生价值的一种方式。在一些地方，出现了买卖官员等欺诈行为。第五，教育范围狭窄。很多廉政文化建设工作只把它作为党的工作内容，没有将廉政文化建设工作深入到基层工作中，与人民群众产生了距离感。

（五）廉政文化建设缺乏相关制度保障

在廉政建设的过程中，我们不能使用文化去约束文化，应当采用制度来提高对文化的约束力。但是，通过对廉政文化建设的实际情况进行分析，可以发现，当前，廉政文化在建设过程中并没有采用制度约束的方法，而是使用了文化管理，文化导致廉政文化建设缺乏统一性。相关研究表明，如果不采用法律或制度的手段对廉政文化进行约束，那么，将会使廉政文化建设无法充分发挥作用。廉政文化建设是我们进行反腐败工作的前提，因此，不能把廉政文化算在文化范畴之内。因为反腐败工作的任何一个分支都是密不可分的，如果某一个分支缺失，那么就会使反腐败工作的各个环节无法衔接在一起，因此，在开展廉政文化建设活动中，要将制度约束与非制度约束进行有机结合，通过双管齐下的方

式来深化廉政文化建设的发展。尽管很多地区都针对公职人员设定了基本道德标准，但这些标准还没有得到统一，在全国范围内也没有建立起相应地统一的法律体系。

第二节　廉政文化建设的现实困境

在新时期，中国廉政文化建设的过程实际上就是廉政的社会化过程。通过对廉政文化建设展开深度分析，深入探讨了新时期中国社会建设中存在的问题。特别是在党的十六届三中全会上，“建设廉政文化”的倡议正式提出。党和政府高度重视廉政文化建设工作，但在实际实施中遇到了许多实际问题。

一、廉政文化建设中主体的认知程度问题

（一）廉政文化建设中的认识误区

1. 党政干部缺乏主动性

在廉政文化建设的过程中，建设主体应当充分发挥其自身主动性与创造性，为廉政文化建设提供现实基础，对于党政干部而言，其作为廉政文化建设的主体，当然也是廉政文化建设的对象，因此，党政干部在廉政文化建设中起着不可替代的作用，是影响廉政文化建设成果的决定性力量。从廉政文化建设的实际情况来看，当前，党政干部还没有充分发挥自身在廉政文化建设过程中的积极性，许多干部在廉政文化建设的过程中，都表现出了盲目地态度。

2. 廉政文化建设重制度轻文化

在廉政文化建设的过程中，许多党政干部都将反腐败工作中的软指标作为一种假政绩，因此，没有实现廉政制度的有效整合，在反腐败工作中，廉政制度没有充分发挥作用，这是极不利于廉政文化的建设发展的。

3. 将其作为普通文化建设

许多党员干部对廉政文化建设没有产生正确的认识，认为廉政文化建设与普通文化建设是一样的，因此导致他们忽视了廉政文化的真正内涵。在开展廉政文化建设的过程中，常常会将廉政文化建设与校园文化、企业文化等领域的建设放到同一地位，但是，在具体建设实施过程中，廉政文化建设并没有与这些领域的文化建设活动进行有机结合，没有充

分发挥文化建设的作用。

4. 高估了廉政文化建设中的反腐效果

党政干部在开展廉政文化建设时，对廉政文化建设能够取得的成果，没有产生正确认识，认为只要做好廉政文化建设工作，就能够将社会上的腐败现象完全根除，因此，从理论的角度，就将廉政文化建设能够取得的效果进行了夸大，没有考虑到廉政文化建设能够取得的实际成果，导致两者之间存在较大的差距，最终引起群众对廉政文化丧失信心。

（二）人民群众缺乏廉政文化意识

廉政文化体系并不是一项简单的工程，而是十分复杂的与许多外部因素都存在着密切的联系。在党风廉政建设的过程中，需要引导广大党员同志与人民群众的积极参与，但是具体到实际工作中，发现廉政文化建设的主要动力是政府部门，人民群众并不会主动参与到廉政文化建设活动中，之所以会出现这种情况，是因为人民群众普遍缺少廉政文化意识，具体表现为：

1. 人们对腐败视而不见

针对腐败问题，人们会保持中立态度，如果腐败不会与个人的利益相关，人们便不会主动参与到反腐败过程中，不会质疑腐败现象。

2. 人民群众参与腐败

在社会生活中受到个人私欲的影响，许多人可能会出现以权谋私的情况，甚至会下意识地参与到腐败活动中。例如，老师可能会在工作期间收受家长的红包，医生会收到病人的红包。

而腐败现象的出现与社会风气以及人民群众的价值观是密切相连的。当前，有一些地区的腐败现象十分猖獗，导致对当地人民群众的价值观念造成了负面影响，这种负面影响的根本原因是群众没有对廉政文化产生正确的认识，最终会影响社会的发展与进步。

二、廉政文化建设的实践方式效度问题

（一）宣教工作难以满足廉政文化建设的实际需要

步入新时代，我国进一步深化了廉政文化建设，进一步完善了廉政文化宣传教育体系，这在一定程度上提高了党政官员的抗腐败能力，使反腐败现象得到了有效抑制。但是结合实际情况来看，在廉政文化的宣传教育方面，还存在一定不足。

1. 廉政文化教育没有明确的目的性，没有与其他教育内容进行有机结合，教育方式单一。

通过开展调查可以发现，无论是由党政干部还是由公职人员开展的廉政教育工作，在内容以及形式上都是比较单一的，主要采用了全员育人的基本形式。没有将廉政教育的重点突出，也没有对相关工作进行系统化的划分，导致廉政文化教育缺乏目的性，可行性较低，严重削弱了廉政文化的教育效果。在开展宣传教育活动时，没有将廉政文化与其他领域的文化建设、文化活动紧密联系在一起，导致廉政文化教育内容缺少吸引力，除此之外，在教育方式方法上，主要采用了灌输式的方法，这对于深化廉政文化教育是极为不利的。

2. 廉政文化教育缺乏灵活性和多样性，忽视与现实生活的结合。

受到传统教育理念的影响，许多宣传教育人员在进行宣传教育工作时，主要会采用灌输式的教育方法，并不会将多种多样的教育方法使用到宣传教育工作中，没有将廉政文化的宣传教育工作与现代化的教学方法结合到一起，导致廉政文化宣传教育工作采取的教育方式还是老一套，最终使宣传教育工作丧失了吸引力变得枯燥乏味。同时，宣传人员在开展宣传教育工作时，没有充分结合我国社会发展的实际情况，没有充分结合我国现代社会发展的特点，导致廉政文化的内容空洞、虚假，不仅缺少时代性，甚至缺少真实性。

（二）新时代我国廉政文化建设工作亟待调整

1. “形式主义”滋生

之所以要开展廉政文化建设，归根结底就是为了能够端正人们的思想，规范人们的信仰，帮助人们树立正确的价值观念，针对形式主义、官僚主义、享乐主义等问题进行严肃处理。实际上，文化的形成并不是在短期范围内可以实现的，它是一种行为意识的转换，因此，在较短时间内，我们无法取得良好的效果。面对新时代新形势，中国社会迎来了新的发展，此时，开展廉政文化教育的主要目的是希望公职人员能够进一步提升自身思想道德水平。同时，能够在全社会范围内进一步提升廉政文化建设的效果，帮助廉政文化充分发挥自身影响力，使受教育者能够树立正确的廉政思想。但是结合我国当前廉政文化建设取得的成果来看，党政干部过于注重短期的政治政绩，在开展廉政文化建设的过程中，通常忽视廉政文化建设的客观发展规律，希望在短短几年内取得良好的建设效果，导致廉政文化建设无法深入、务实地开展，因此从一定程度上看，这与廉政文化建设的最初目的是背道而驰的，并没有充分发挥出廉政文化建设的作用。

2. 廉政文化建设与制度建设不协调

在新时代，廉政文化的建设需要完善的制度加以保证，需要将廉政文化建设与法治建设、制度建设进行有机结合，从而使廉政文化能够相互协调、相互配合、相辅相成。廉政文化建设作为反腐败工作的重要组成部分，既要紧扣文化建设范畴，也要重点考量政策建设的内容。只有详细的、充足的方针政策，才能够使廉政文化在得到充足的保障之下充分发展，进而使廉政制度建设能够成为廉政文化建设的辅助，为廉政文化建设提供强有力的保障。但是，通过对廉政文化建设的实际情况进行分析发现，当前我国在廉政文化建设与廉政制度建设方面并不能做到完全协调一致，因此，廉政制度的支撑与保障功能便无法充分发挥出来，导致廉政文化建设中没有扎实的理论依据可以依靠，严重阻碍了廉政文化建设的发展与进步。①

3. 文化创新程度有待提高

文化凝聚了人类物质文明与精神文明的全部璀璨精华，是不同历史时期的劳动人民产生的智慧结晶。作为中国传统文化中的重要组成部分，作为中华民族精神的宝贵财富，廉政文化的内涵十分丰富，并且其具有十分独特的社会功能。② 在廉政文化建设的过程中，廉政文化是非常重要的内容，一方面不能拘泥于传统廉政文化，另一方面，应当结合时代发展的特点，不断对廉政文化的内容进行调整，实现廉政文化的创新，推动廉政文化的变革，进一步丰富廉政文化的内涵，从而使廉政文化能够与时代发展相一致，满足时代发展的要求。

（三）评价体系和方法有待完善

面对新时代，中国的社会迎来了广泛的进步，社会的发展与进步与建设者的奋斗是分不开的，与劳动者的不断反思、总结，找出社会实践和活动经验的优缺点，结合现代社会发展的实际情况，有针对性地加以改进和完善是密不可分的。因此，进一步完善廉政文化评价体系、创新评价方法对于当前廉政文化建设活动的开展至关重要。然而，结合我国把当前开展廉政文化的过程可以发现，目前我们还没有构建出完善的、统一的廉政文化体系，评价指标也不够完善，不能及时评价、分析和总结廉政文化建设的成果，最终导致不能第一时间发现廉政文化建设中暴露出来的问题，严重阻碍了廉政文化建设的进程。

---

① 武爱萍，翁玉梅. 全州廉政文化建设现场推进会在楚雄召开［N］. 楚雄日报（汉），2007-07-30（001）.

② 吴长军. 浅谈党支部应如何加强廉政教育［J］. 科技信息，2012（17）.

三、廉政文化建设中沟通渠道的广度

（一）传统媒体在廉政文化建设方面存在局限性

伴随着社会的进一步发展，科学技术的不断进步，新媒体产业也开始在全球范围内不断出现，新媒体的出现，在一定程度上超越了传统媒体的功能，使现代社会文化的信息传播变得非常便捷。相较而言，传统媒体在进行信息传播的过程中，常常会受到渠道、技术等方面的制约，因此，采用传统媒体开展信息传播活动，无法与受众进行及时的互动。例如，如果采用平面媒体或者是报纸媒体进行文化传播活动，就很容易受到版面的影响。通常情况下，廉政文化包含的信息内容量非常大，仅仅使用报刊进行宣传会受到版面的限制，导致廉政文化的信息无法完全被充分传播出来。除此之外，采用报纸报道的方式，在报道形式上相对比较单一，在内容上比较单调，没有与受众进行及时的互动。而广播媒体主要是声音的传播，因此相较于文字而言，其传播的速度很快，但不能长久，只能起到浅层的宣传作用，不能对广大干部群众进行深入的宣传教育。与报纸、广播媒体相比，电视媒体在开展廉政文化宣传教育方面具有一定的应用优势，能够在一定程度上满足受众在视听方面的需求。但是电视媒体传播很容易受到信号覆盖问题的影响，不同的地区接受的电视信号存在差异。采用新媒体手段便能够很好地克服上述传统媒体的缺陷。新媒体能够结合声音、图像、文字、动画等多种信息于一体，采用网络信号进行传播，一方面能够对传播信息进行记录，一方面能够对相关信息进行修改，这样能够进一步提升廉政文化传播的灵活性。但结合当前我国廉政文化建设来看，只有少部分活动采用了新媒体，新媒体的利用还有较大的提升空间。

（二）传播渠道覆盖面相对狭窄

新时代我国开展廉政文化建设的主要主体为各级党政机关，面对的主要对象为政府机关的公职干部人员，没有针对学校、企业以及农村等其他地区和部门开展宣传教育工作。尽管当前政府部门始终在不断加强对公职人员的廉政文化教育力度，但是我们能够发现公职人员的腐败现象依然屡禁不绝。因此，我们可以得知，如果仅仅凭借党政干部的力量来开展廉政文化宣传教育，是远远不足的。应当把廉政文化传播渗透到社会发展的不同领域，渗透到社会的各行各业中，在进行廉政文化建设的过程中，应当尽可能突破廉政文化的限制。从文化传播的角度出发当前，我国市场中廉政文化的产品数量还相对较少。在城市中最亮眼的公共场所就是各种商品营销的店铺，很少能够看见与廉政文化相关的文化产品。例如，在图书馆或书店等文化气息较为浓厚的场所，我们也很难看见与廉政文化教育相关的各类图书或报刊。甚至有的文化场所根本没有任何有关于廉政文化教育的宣传资料。在采用传统媒体对廉政文化进行宣传的过程中，电视媒体成为廉政文化宣传的重要载体。从理论的角度出发，廉政文化的宣传工作主要会受到其理论内容的影响，但如果对电视中播放的节目进行梳理，可以发现，商品的广告或电视剧的播放率要远远高于廉政文化教育的广告或相关文化产品，从这里我们也可以看出，廉政文化建设在内容上相对比较单一，在传播渠道上相对比较狭窄，这两者成为制约廉政文化建设发展的阻碍。

四、廉政文化建设运行机制的深度

（一）廉政文化的社会教育机制有待加强

伴随着改革开放进程的不断推进，我国的社会经济水平得到了显著提升，步入新时代，我国的精神文明建设已经达到了一个空前的水平。在当前的廉政文化建设过程中，我们能够明确地看见一个多元价值体系共存的格局，能够看到廉政文化建设过程中多元化的价值要素，而正是在这种多元价值的影响下，廉政文化建设的主体也在不断丰富。政府以及其他社会部门，公共组织成为廉政文化教育的主要阵地。伴随着社会的进一步进步发展，社会经济水平也在不断提升，而正是伴随着社会的发展，廉政文化的教育方式也会随之发生改变。面对这种情况，我们已经不能再使用传统的教育模式，因此，需要对传统教育模式进行创新与改革。具体到廉政文化教育的受众群体，其面对的对象主要为社会成员，由于社会成员同样会受到多元价值文化的影响，因此，其在思想或行为等方面，会随着多元价值文化而不断改变。因此，我们应当知道，社会成员对廉政文化的认识是会随着时间而逐渐发生改变的，会随着发展而不断更改。在新时代中，廉政文化建设的整个过程，实际上就是廉政与腐败不断进行斗争的过程。由于社会文化机构以及政府部门、学校等都能够成为廉政文化开展教育活动的主要场所，因此，在开展廉政文化教育活动时，要充分认识到新时代中国廉政文化在建设过程中的多元文化影响，从时代的发展演变中形成符合时代发展要求的社会教育机制，进而能够为开展廉政文化教育工作提供更多保障。

（二）廉政文化民主监督机制有待加强

为了能够使廉政文化建设得到顺利的落实，我们需要为其构建一个配套的民主监督机制，需要引导社会成员积极参与到建设过程中，充分发挥人民群众的监督作用。在开展廉政文化建设的过程中，民主监督机制的主要作用有，上下级之间的监督工作，同级之间的监督工作，党员对党员干部的监督工作以及人民群众对各民主党派的监督工作。在廉政文化建设过程中，应当充分发挥民主监督机制的功能，这就要求需要采用多种手段来吸引广大人民群众参与到监督过程中，提高人民群众的监督意识。但是，通过对廉政文化建设过程进行分析可以发现，当前，廉政文化建设还没有落实民主监督机制，民主监督机制在整个廉政文化建设过程中缺乏权威性。因此，通过分析可以发现，之所以民主监督机制没有能够顺利落实，主要原因有四点，分别是：一，民主监督机制存在一定缺陷，导致其缺乏权威性。监督的主要权利来自人民群众，而并不是某一个国家政府机关，在实践过程中民主监督权利并没有硬性的惩罚机制，这严重削弱了民主监督机制的约束力。二，党政干部在自由裁量权方面相对比较集中，在监督裁判的过程中，并没有对职能进行明确地分工，导致一直以来民主监督机制的权力分配都表现出了失衡的特点。三，没有从法律层面上对权力监督和权力制约机制进行规定，缺少配套的规章制度，同时没有设置救济程序，导致各种机制无法实现规范化。四，无论是监督机制还是权力制约机制都不够完善，因此，无法在廉政文化建设过程中发挥自身监督功能。

（三）廉政文化惩戒矫正机制尚未到位

伴随着社会的不断进步，全球化的趋势越来越重要，文化交流、经济交流和政治交流逐渐推进，现代新媒体产业发展迅速。在这种大的社会环境下，人们的交往范围会进一步拓宽，这时，党政干部就会受到许多外部因素的冲击，这对于廉政文化建设带来了很多负面影响。在现代社会发展的宏观背景下，主要由以下几个因素会对廉政文化建设造成影响，分别是：第一，历史环境影响。中华民族已经有 5000 多年的历史，受到历史遗留的旧观念旧思想的影响，再加上传统的政治、文化、经济等因素的制约，一些享乐主义、重男轻女等错误的思想观念，不可能在短时间内被完全消除。尤其是一直以来，根植在中华民族心中的官僚主义思想，这种官本位的思想即使应该被社会淘汰，但却没有随着社会发展而消除。第二，西方思想影响。伴随着改革开放进程的不断深入，越来越多的西方文化开始涌入到中国的社会环境中，这些西方文化对中国社会的各个领域都产生了一定影响，尤其是在经济全球化的背景下，受到西方自由主义思潮的影响，许多党政干部在执政过程中不可避免地会产生对金钱的个人私欲，导致其不能够做出正确的政治判断，最终出现腐败行为。他们放弃了坚定不移的社会主义信仰，开始背离自己的初心而走上腐败的道路。

这一行为的出现，成为制约廉政文化建设的重大阻碍，也使廉政文化建设丧失了良好的发展空间。第三，社会背景影响。在社会发展中，如果出现了非常肮脏的腐败行为，那么，绝大多数是腐败分子通过精心地安排策划，而专门发生的腐败行为。在其开展违法活动的过程中，事先会对相关的法律法规进行了解，寻找法律存在的漏洞，借助漏洞来实施腐败行为，最终，为社会的安定和谐造成了不良影响。与此同时，一些党政干部利用法律中“受贿犯罪”和“不明财产来源犯罪”的良性差异，回避重要的问题。除此之外，中国的媒体对于腐败现象的曝光力度还有待于增加，导致公众无法对腐败产生更多重视，因此也无法取得有效地遏制作用。

（四）立法机制有待完善

在新时代，应当将廉政文化建设与制度建设相结合，使制度建设能够成为廉政文化建设的重要基础。通过廉政文化与廉政制度互相配合、相辅相成，能够充分利用廉政制度的标准、规则以及执行等功能处理廉政问题。归根结底，廉政文化是不同意识形态对人类内心造成的某种影响，如果想实现廉政文化的本质，就需要用廉政制度来进行保障。这是因为廉政制度是一种规范，是人类意识与行为的整合，通过廉政制度，能够为廉政文化的建设提供保障。同时，廉政制度是党政开展工作的一种基础性规范，需要廉政文化共同配合，因此，从这个角度看，廉政文化也能够成为廉政制度的精神支柱。① 在开展廉政文化建设的过程中，廉政体系发挥着不可替代的作用，通过廉政文化体系，能够为反腐工作提供一定的保障。通过构建完善的廉政文化体系，能够在特定的社会环境中抑制腐败现象的出现，约束腐败行为，因此，能够起到一定的预防作用。一些不合理的廉政制度则不能充分发挥其约束作用，反而会对廉政文化的发展造成一定阻碍。通过对廉政文化的发展历程进行分析，发现当前廉政文化体系主要存在以下几个方面的问题，包括：第一，已经建成的廉政文化体系实用性不强。当前，立法机构并没有结合中国社会发展的实际情况设置配套的规章制度，导致反腐体系与实际情况相脱离，操作性欠佳，在实际过程中，反腐体系的可行性较低，不能为廉政文化建设提供强有力的保障，最终导致出现制度变形等问题。第二，已经建成的廉政文化体系，在程序性特征方面比较欠缺。从廉政文化的角度出发，廉政文化建设中表现出来的程序性问题并非关键问题，但是针对廉政文化体系而言，则需要重点关注廉政文化建设的程序性问题。这是因为如果廉政文化建设存在着程序方面的问

① 任德全. 关于国有企业廉政文化建设的几点思考［J］. 管理观察，2013（24）.

题，将会导致其制定过程与实际情况存在较大的偏差。第三，当前已经建成的廉政文化体系，在长期性方面比较欠缺。在制定廉政文化体系的过程中，立法者并没有从长远的角度去看待处理廉政文化相关的问题，导致廉政文化体系的全局性与前瞻性都相对薄弱。

第三节　廉政文化建设的影响因素

一、法治建设方面，忽视了廉政文化宣传

在当前我国社会发展的大背景下，法治建设是我国社会发展的重要组成部分，这就要求我们党和政府在治理和管理过程中要制定和完善各种法律制度。基于当前我国的宏观背景，在我国社会发展建设过程中，法制建设是非常重要的一部分，这就意味着，我们党与政府在进行执政管理的过程中，应当完善相关的法律制度。由于文化是一种独特的法律现象，能够反映出某一国家的现实法律以及法律历史。伴随着社会的不断进步，人类的法律文明也在不断演进，对于法律制度的完善，法律活动的开展都有一定影响。法律文化能够成为维护公共秩序的有效手段，这是因为其代表着社会公众普遍性的思维范式，能够反映出大多数成员的价值标准。因此，它既是法律现象的重要内容，更是法律现象的灵魂与核心。法律文化是具有群体性的，具体表现为一种观念或行为的基本模式，法律文化能够渗透到社会的各个领域，从而能够潜移默化地增强法律在全社会的影响力。人的行为会对法律造成间接影响，从而在法律的规范程序以及法律制度等方面起到一定作用，因此，在法律建设的过程中，应当注重实现立法、执法、司法等环节的有机结合，构建完整的法律体系，进一步明确法律运行的基本机理。

具体到我国的廉政文化建设过程中，法治建设是非常重要的一部分，能够对廉政文化的社会影响力造成很大影响。但是，就当前的社会发展情况而言，我们还没有完全认识到廉政文化建设的真正内涵，甚至有部分群众或党员干部还存在一定的误区。认为廉政文化教育只是党性教育活动的一部分，因此，还没有在法律层面落实廉政文化建设，导致廉政文化建设浮于表面。

二、制度建设方面忽视了与廉政文化的深度融合

制度文化是文化的重要内容之一，不仅与物质文化相关联，同时也涉及部分精神文

化。基于制度文化的基本结构，一方面，制度文化是人类在日常生活中行为规范的产物，另一方面，制度文化是精神文化的成果与产物。在社会发展的过程中，人的行为会受到思想理念、价值观念等多方面的影响，在这个过程中，文化和精神因素必然会不同程度地影响和制约法律、制度等因素的形成。在制度中，如果存在着较多因素有待于生成的话，那么必然会对人的精神因素造成一定影响，最终，将制度因素转变为某种物质成果，使人能够在制度文化中获得更多物质上的收获。

对于一个国家而言，制度建设的作用至关重要，伴随着改革开放进程的不断深入，中国社会的发展已经取得了巨大成果，而随着时代的不断发展，新的制度环境会在时代的影响下而逐渐生成，最终使制度变迁的可能性增加，甚至可能会产生制度文化的创新。基于廉政文化建设，如果把廉政文化看成一首歌曲，那么，在时代变化与社会变迁之后，党政领导干部还能够继续传唱这首歌曲，但无论歌曲的传唱度多高，歌曲的随意性仍旧很强，并不会表现出约束力。

三、传统文化建设方面未突出廉政优秀文化

具体到廉政文化的建设与发展，其最终目的就是希望能够消除腐败现象。在现代社会不断发展的进程中，廉政文化建设一方面源自中国优秀传统文化的继承，一方面，响应着时代的号召而不断进步，可以说，廉政文化建设是中国建设特色社会主义国家的必经之路。然而，任何事物的发展都是具有两面性的，传统文化也并非完全精粹，也存在着其落后的一面。这就需要传承人应当以理性的眼光去审视传统文化，避免对廉政文化建设造成负面影响。

第四节　廉政文化建设的制约因素

一、环境因素对廉政文化建设的影响

通过对历史发展历程进行梳理，可以发现，无论在任何社会，任何历史时期，廉政文化的形成与发展，都是专家与学者们探讨的重点话题。在廉政文化建设的过程中，环境因素能够对廉政文化的发展深度，广度造成一定影响。因此，环境因素能够决定着廉政文化取得的效果，具体而言，主要有三方面的表现：

（一）覆盖率较低

随着社会的不断进步，人们的生活水平得到了显著的提升。在此基础之上，廉政文化的形式也进一步丰富。许多新的媒体形式开始投入到廉政文化建设活动中，以廉政文化为中心的广告、影视作品、报纸杂志等开始大量出现在公众生活中。这些廉政文化的相关产品能够对廉政文化的宣传起到积极作用，并且能够丰富廉政文化的传播渠道。但是经过实际调查可以发现，在日常生活中，廉政文化的影视作品、公益广告等数量还相对较少，相对于普通的广告或影视作品而言，其所占比例相对较低，没有在全社会范围内营造良好的廉政氛围。

（二）投入相对较少

在建设廉政文化的过程中，应当加大廉政文化的投入力度，充分发挥廉政文化在社会中的影响力与号召力。但是具体到实践过程中，政府会对廉政文化建设进行投入，但最终的买单者是广大人民群众。这就使得廉政文化建设没有充足的资金加以保障，导致廉政文化无法进一步发展壮大。

（三）内容千篇一律

通过对当前市面上存在的廉政文化的一些影视作品、歌曲以及公益广告等进行分析可以发现，绝大多数形式比较单一，没有充分结合不同地域的民族特色，因此，整体而言廉政文化在内容建设上相对单薄。

二、思想观念对廉政文化建设的影响

在廉政文化建设的过程中，公众们普遍关注的是廉政文化的价值观念问题。这是通过人类日常生活中积累而得的价值规律以及普遍的价值标准，其能够对廉政文化的建设产生决定性影响。价值观念，通常而言，具有很强的方向性，因此，能够形成某种具有特定方向性的行为选择。在不同的历史时期，处在不同的社会环境中，人们的价值观念是完全不同的。如果主体的价值观念出现错位，那么就会导致腐败现象滋生，最终影响廉政文化的建设与发展。

（一）历史文化对价值观的影响

通过对中国社会的发展历史进行梳理，可以发现，廉政文化建设已经在我国存在了千年之久，换句话说，中国社会的发展历程几乎可以等同为廉政文化的发展历程。在历史不断发展的过程中，廉政文化建设积累了许多宝贵的经验，为后世开展廉政文化创造了许多财富。但是廉政文化的建设也会存在着阴暗面，这些阴暗面会对公职人员的意识形态造成非常消极的影响，最终导致公职人员出现腐败行为。通过分析可以发现，历史对价值观念能够造成较强影响，而如果将关注点至于腐败思想文化，我们则能够从中提取出下列内容：

1. 受地位和财富影响的观念和价值观

通过对中西方的社会发展过程进行对比，我们能够发现，中西方官职人员的财富是存在较大差异的。实际上，在我国的传统历史中，富与贵，往往是一对孪生兄弟，而贵与官也是一个统一的概念，也就是说，当官被认为是追求财富的最佳途径。受到传统意识形态的影响，我国部分公职人员就会理所当然地认为，只要手中掌握了一定权力，就能够获得财富。面对这种思想指导，一些有钱有势的人就会顺利地找到及金钱发挥的有效途径。结合当今中国的社会发展体系，党政领导干部在整个行政体系中处在较高的行政位置上，但是他们在薪资待遇方面则相对薄弱。而一些富人，虽然其掌握着足够的财富，但是他们的社会地位整体而言相对较低。在一些私欲的操纵下，有的人渴望收获名利与地位，有的人想要获得财富，而这两者之间就会达成某种阴暗的共识。

2. 上下级关系下形成的价值观

在不同的社会发展时期，社会阶级与层次是存在一定差异的。通过对中国封建社会的发展进程进行分析可以发现，上下级的统治是非常严密的。或者说，下级对于上级是非常忠诚的。统治者为了能够进一步巩固自己的统治地位，为维护个人权益，就会有意识地对下属的意识与行为进行管控，在不触及统治者利益的前提下，会适当地为下属提供一定的权职自由空间，也就是说，下属能够享受到某种特权，能够通过这种特权来谋取不当利益。甚至，某些官员为了能够进一步笼络上级，会通过行贿受贿的方式来表达对上级的忠诚，从而能够获得晋升的机会。而上级特权在获得了下属的关心后，也会为下属提供一定的特权。从长远的角度看，这条利益链会导致腐败现象不断滋生，受到历史遗留等因素的影响，这种上下级的思想价值观念并没有被完全摒弃，导致廉政文化建设遇到了很多阻碍。

3. 享乐主义形成的价值观

通过对中国社会发展的历史进行分析，我们能够明确看出贪污腐败案件的数量正在逐年增长。如果对这些腐败案件进行深度分析，可以发现，有一些违法乱纪的公职人员，甚至是某党政部门的领导人与负责人，甚至曾经对我国的社会发展做出了巨大贡献。但是无论他们做出了多大贡献，无论他们表现得有多么敬业，但最终也受到了享乐主义的侵蚀，由于受到私欲的操纵，导致出现违法乱纪行为。

（二）人文文化对价值取向的影响

1. 个人与社会的错位关系

如果人与社会的关系不能对位，那么就会造成人思想或行为出现偏差。这种偏差会导致人们产生错误的价值观念，最终表现为错误的言语与行为。在社会生活中，人类是存在着社会关系的，他们需要通过这种关系与他人保持联系。人类会通过人际交往而不断丰富这种社会关系，因此，对于个人而言，如果他想要在社会中生存发展，一个重要前提就是处理好人与人、人与社会之间的关系。必须能够处理好人与人、人与社会之间的利益关系，做到在不侵害他人利益的同时，使自己能够获得利益。而之所以会出现腐败行为，主要是受到了利益至上等错误思想的影响。对于行为主体而言，其个人行为会导致增加个人利益，损害他人利益或损害社会利益，这种产生腐败行为的人，必然受到了极端个人主义的影响。通常情况下，他们往往认为，个人的利益是凌驾于集体利益之上的，也就是说，如果个人利益与集体利益发生冲突，他们会毫无疑问地选择保全个人利益。具体到现实生活中，部分领导干部为了能够不断增加自己获得的个人利益，不断沉溺在物质享受的生活中，在日常工作中忽视自己的责任。之所以会发生这一系列错误行为，主要原因是因为个人与社会关系出现了错位。

2. 拿和取的不平衡

在实际的社会生活中，人际关系可能会表现出两种完全对立的状态，也就是为他人服务，或得到了他人的帮助。而这两种完全对立的状态，也是衡量人价值的重要指标。也就是说，一个人在社会生活中究竟是接受帮助的时候多，还是给予他人帮助的时候多，能够体现出不同人的不同价值观念。对于领导干部而言，一味地接受他人的帮助，向他人索取，就是受到了享乐主义思想的错误引导，他们在接受了帮助之后，并不会反馈给社会，反而会对社会造成极大的风险，我们把这种人的行为意识用“恶”来概括。如果领导干部，在日常的工作生活中，能够做到换位思考，懂得为他人提供帮助，时常考虑他人的利益，而忽略自己的损失，那么，这种人的行为意识，我们用“善”来概括。因此，从这里我们也能够看出，想要划分善与恶，实际上是非常简单的。但是如果具体到实际生活中，我们通常会忽略从别人那里获得的帮助，这种现象是由“拿”与“取”的失衡造成的。

具体原因来自以下三个方面：一是“取”的性质不区分。通常，我们可以从两个层次理解“取”的含义，分别是合法取得与不合法取得。在社会发展的过程中，当“取”行为实施时，所获得的在不损害他人利益、对社会作出一定贡献的前提下，称为“合法取得”。如果进行“取”的行为，会损害他人的利益，不会为社会承担任何风险，叫作“不当索取”。第二，享乐与创造之间的关系并不明确。在社会发展过程中，人只有在社会活动中，充分发挥自己的主动性，创造更多社会财富，才有资格、有能力享受精神财富。如果仍不能积极投身于社会活动中创造自己的财富，那么也没有享受精神财富的资格，而这种人如果继续享受精神财富或物质财富，那么就是享乐主义的典型代表。三是在权责关系上界定不清。在社会生活中，无论一个人担任什么样的社会职位，就要承担着相应地社会责任，如果他占有了一定权力，那么他就必然要承担权利所对应的义务。因此，如果有人在行使权力的过程中没有承担起自己的责任，那么就会滋生腐败现象。

第四章 我国廉政文化建设的实践经验

第一节 廉政文化建设的战略意义

从中国共产党成立之日起，我们始终坚持重点开展党风廉政建设，始终把党风廉政建设放在党的建设的第一位。希望能够通过开展党风廉政建设来提高党的基本标准，尤其是在中国共产党被确立为中华人民共和国的执政党之后，党风廉政建设的重要性便更加突出，在新中国成立之后，党风廉政建设成为党的建设的关键环节。在开展廉政建设工作中，需要将马克思主义理论深入贯彻到建设过程中，同时应当吸取我国在历史发展中取得的相关经验成果，坚持以改革开放为导向，积极吸纳国内外的先进文化，同时深深根植于我国的实际情况，针对党政干部应当进一步加强监督领导力度，在做到统筹发展的同时，实现协调发展。

一、廉政文化战略任务的判断依据

在新时代，秉持何种态度开展廉政文化建设，怎样处理好文化建设与精神建设之间的关系，怎样才能使廉政文化建设的效益达到最大化，是我国确定廉政文化建设方案的基本依据。实际上，无论是在民主革命时期，还是在社会主义建设时期，抑或是在改革开放之后，我们党始终在开展廉政文化建设，而这个过程也是一个不断探索的过程。一直以来，中国共产党都坚持把廉政文化建设放在党建工作的首要位置，通过开展多种多样的实践活动，将廉政文化渗透到社会的方方面面，从而在整个社会构建完善的廉政文化体系。

（一）统筹兼顾标准定位

自从中国共产党成立以来，党风廉政建设就扮演着重要角色，也是党政部门开展反腐败工作的重要环节。因此，出于对廉政文化建设的高度重视，每一代领导人都会着重强调反腐倡廉工作，进一步明确廉政文化的属性与定位，明确廉政文化在不同阶段的具体发展目标，致力于实现中华民族伟大复兴中国梦。首先是毛泽东同志，他是中国共产党第一代领导人，他明确指出，反腐败工作是党建设工作中的大事，应当坚决抵制贪污腐败问题的出现，在党建工作中积极反对官僚主义、享乐主义、奢靡之风。而邓小平作为中国共产党的第二代领导人，早在20世纪80年代就指出，通过对腐败问题的惩治，能够极大地推动中国改革开放的发展。邓小平对腐败惩治问题的阐释，深度解释了反腐败工作对于改革开放的积极影响，同时也指出，反腐败工作是中国进一步发展壮大的必经之路。步入21世纪之后，中国的社会发展水平发生了显著变化。胡锦涛同志正式把反腐倡廉工作纳入到了我国社会建设发展进程中，同时，针对反腐倡廉出台了相关的政策与指导文件，在全面推进反腐倡廉工作的基础上，更好地为广大人民群众提供服务。面对新时代，习近平总书记采用多样化的方式，将廉政文化建设引入到社会的不同领域，在学校、社区等各个基层广泛开展廉政文化建设，通过采取多种手段，吸引鼓励广大人民群众积极投身于廉政文化建设中，从而在全党以及全社会营造了良好的廉政氛围。

（二）高度借鉴历史经验

历任中国共产党的领导，在对党政工作进行计划与部署时，都会将反腐败工作放在重要位置。而党的实践经验也为后续开展廉政文化建设提供了重要的借鉴。毛泽东同志就吸取了农民起义失败的教训，对李自成的失败进行了反思与总结，寻找对中国共产党发展有益的信息。为了能够规避李自成起义时出现的问题，我们党针对领导干部提出了“几个不”的要求。同时毛泽东同志还强调，随着胜利党内可能会出现骄傲情绪，部分领导干部可能会出现功臣自居的情绪，随着生活条件的改善，可能会出现贪图享乐而放弃艰苦生活的情绪。但也正是因为胜利，人民群众在感谢我们的同时，资本主义也会插上一手。尽管敌人的武力不能将我们征服，但资本主义可能会腐蚀队伍中意志薄弱的人。可能存在着这样一批共产党人，敌人的武器没有征服他们，他们在敌人面前担当得起英雄的称号，但是当敌人拿出糖衣炮弹，他们就要打败仗了。① 我们必须要预防这种情况的出现。夺取胜利只是我们开展革命的第一步，如果仅仅是这一小步，就值得骄傲的话，那么值得骄傲的还在后面。如果经过了几十年之后，我们再来看民主革命取得的胜利，就好像认为这只是一

① 钟瑞添. 论“三个代表”重要思想提出的历史依据［J］. 广西师范大学学报（哲学社会科学版），2002（01）.

幕长剧中的一个片段，只是一个序幕。但序幕并非整部剧的高潮，尽管中国革命取得了成功是非常伟大的，但今后我们需要走的路更长，我们需要克服的困难更多。而这一点，也需要现在就在党内讲明白，要求党员干部保持谦虚谨慎，不骄不躁的作风。在邓小平同志的领导下，以马列主义、毛泽东思想为基础，推动和发展了马克思主义的中国化，我们又重新地认识了反腐败问题。在邓小平看来，一直以来，党和国家在建设发展的过程中，都将重点放在了具体事务的开展上，没有将思想工作建设重视起来，没有关注党员的政治动态，没有将反腐败工作在实际工作中贯彻落实。而江泽民同志则指出，每个人都要有廉洁自律的意识，不要贪图权钱美色，摒弃铺张享乐，提倡勤俭节约，继承和发扬中华民族的传统美德。在中国共产党第 16 次全国代表大会上，胡锦涛同志正式将廉政文化工作放在党建工作的伟大进程中，通过梳理历史中的经验教训，在全社会范围内弘扬革命精神，坚持立党为公，执政为民。在此基础之上，习近平总书记研判新时代新特点，总结历代发展经验，进一步拓展延伸了廉政文化建设。

第二节　廉政文化建设的政治意义

随着改革开放进程的不断深入，我国的社会经济水平得到了显著提高。而正在社会经济水平不断提高的过程中，腐败问题也逐渐暴露出来。如果仅仅采用制度整顿的方式来抑制腐败现象的发生，那么是不能完全达到治本的效果，因此，面对新时代，需要在全社会范围内开展廉政文化建设工作，抑制腐败行为，树立正确的思想意识，从根本上打败腐败病毒。

在当前新时代背景下，廉政文化建设不仅是中国发展壮大的必然选择，更是中国社会发展的重要内容。主要表现为以下几个方面：

一、廉政文化建设工作是预防腐败现象的重要办法

通过对社会发展历程进行梳理，为了能够妥善解决政治生活、经济生活以及文化生活中出现的腐败现象，自古以来，我们都采用法律的力量来对腐败现象进行整治。这种方法只能在腐败发生后停止和处理。廉政制度的实施过程是一个长期的过程，但是在具体的实践中，也表现出了一定的滞后性，不能够充分发挥遏制的作用，因此，无法从根本上达到消除腐败的目的。因此，面对这种情况，经历了长期的实践与探索，中国共产党选择基于

廉政制度来建设廉政文化，加强对党政干部与广大人民群众的宣传教育，进而能够从思想上对公职人员以及普通的人民群众进行正确的引导，使全体公职人员以及人民群众都能坚定正确的政治立场，能够树立正确的人生观与价值观。在日常工作中，廉政文化能够表现出广泛性的特点，同时，能够起到前瞻性的作用，这就意味着，我们能够在腐败现象发生之前，便寻找到可能潜藏的腐败因素，从而通过消除腐败因素来遏制腐败现象的发生。在反腐败工作中，主要采用法律的手段，对人的行为与意识进行约束，这种约束明显是他律的。而廉政文化则是通过文化来对人的行为与意识进行约束，也就是说通过文化来达到自律的目的。如果廉政文化能够根植于人类的意识形态，那么就能够起到自我约束的作用，这种作用是法律规范不能做到的。通过自我约束，能够使人们更加坚定地反对享乐主义，反对铺张浪费。因此，在新时期，我们主要通过开展廉政文化建设来预防腐败现象的发生。

二、廉政文化建设工作能够促使党政干部廉洁从政

在社会主义进步发展的过程中，廉政文化是非常重要的内容，它能够推动中国的现代化发展，能够成为中国进步的力量。他对传统的、守旧的、落后的思想予以批判，使人们能够积极参与到正向的精神文明建设活动中，从而帮助人们构建正确的核心价值体系，提升思想道德水平，帮助人们建立起正确的人生观与价值观。因此，廉政文化不仅仅是一种先进的文化，更重要的是，廉政文化能够表现为一种崇高的理想信念，表现为高水平的道德标准。因此，只有把廉政文化根植于公职人员的思想意识，才能使公职人员对自我提出更高的要求，才能自我约束自己的行为与意识，贯彻落实全心全意为人民服务的基本宗旨，真正地做到立党为公，执政为民。

三、廉政文化建设工作是时代发展的迫切需要

改革开放之后，中国的社会经济水平得到了显著提升，尤其是在步入 21 世纪之后，无论是在政治领域，还是在经济文化领域，中国取得的成就都是举世瞩目的。而社会的发展是与改革创新密不可分的，为了能够跟上时代发展的步伐，积极响应政府号召，坚持立党为公，执政为民的服务宗旨。领导干部应该树立清正廉洁的思想，共同致力于反腐倡廉工作的开展，通过深入开展廉政文化建设，从思想上对人的行为意识进行根本性的转变，严格按照时代要求，规范公职人员的言行，使工作人员能够在广大人民群众中发挥自己的先锋带头作用，不断提升党政意识。因此，当前开展廉政文化建设已经成为我国社会发展

的重中之重。

四、廉政文化建设是中国共产党执政思想的内在要求

在现代社会主义先进文化体系中，廉政文化是非常重要的组成部分，是对社会主义核心价值观的深层次的阐释，这与中国的先进文化发展方向是基本一致的。文化能够反映出一个国家的软实力，因此，从某种程度上看，它具有不可替代性。数据调查表明，相对于发展中国家，世界发达国家的文化产业比重也相对较高。例如，日本的文化产业占全日本GDP的20%，而美国的文化产业更是占全美GDP的25%。因此，我们能够通过数据明显地发现，文化能够成为推动国家进一步发展的重要动力，其价值与影响力是不容小觑的。实际上，隐藏在文化产业背后的是文化输出战略，一个国家的文化输出战略能够对本国的民族文化造成重要影响。例如，好莱坞的影视在全球都十分著名，其发展不仅成为美国经济发展的重要支柱，也带动了相关产业的共同进步。与此同时，他向东方社会展现了西方社会的享乐主义，因此，隐藏在好莱坞产业背后的是美国享乐主义的文化输出。而相对比之下，我国的文化产业总值相对较低，仅占全年生产总值的1/40，具有较大的发展空间。如果要进一步推动中国文化产业的发展，一方面，需要对欧美优秀的文化进行吸纳与批判，通过采用国际先进的文化运营模式，能够在全社会范围内营造良好的文化氛围，进而进一步推动中国廉政文化的发展，通过润物细无声的方式逐渐渗透人民群众的思想，使人民群众能够树立起廉政的思想意识，从而更好地推动我国经济变革，同时，也能够满足人民群众对物质精神文化的需求。

第三节 廉政文化建设的思想意义

在《抗战胜利后的时局和我们的政策》中，毛泽东明确指出："中国反动分子，需要组织人民将其打倒。但凡属于反动的范畴，若不将其打倒，必将被其打倒。"作为中国共产党的第一代领导人，毛泽东同志对于中国革命，对于中国发展做出的贡献是不可估量的。通过对毛泽东同志的观点进行分析，我们能够发现，在开展廉政文化建设的过程中，必须要做到不破不立。也就是说，在开展廉政文化建设的过程中，一方面需要突破非无产阶级对中国共产党的思想束缚，彻底根除中国共产党思想中残留的落后的文化，净化思想环境。同时还要做到充分发挥廉政文化在社会中的号召力与影响力，使廉政文化能够完全

代替腐败，进而将廉政文化能够渗透到社会的方方面面。从本质的角度出发，破的过程也是为了立而奠定基础，二者是相辅相成的。自从中国共产党成为中华人民共和国的执政党，始终坚持贯彻马克思主义思想，坚持在社会发展过程中不断创新实践，马克思主义中国化，开辟了中国特色社会主义道路，通过创新执政机制，不断优化国家执政体制。① 然而，随着时代的发展进步，落后的腐朽文化并没有随之消失，反而成为国家新体制的寄生虫。因此，应当将腐朽文化彻底消除，中国共产党需要用科学的方法实现腐朽文化的转变。

（一）全面清除非无产阶级思想

通过对无产阶级意识形态进行深度的分析，我们能够发现一些非无产阶级意识，还蕴藏着许多腐朽思想，并且存在着能够将非腐朽转化为腐朽的能力。面对这种情况，党必须要彻底将非无产阶级意识形态消除，只有这样才能够彻底净化人民群众的思想环境。受到多种因素的影响，我国革命队伍内部人员组成是非常复杂的，在思想意识方面呈现出多样化的特点。如果想要彻底开展思想改造活动，可能要面临着巨大的政治挑战。例如，在中国共产党成立初期，在党的六大期间，对中国共产党的党员信息进行统计发现，在全部党员中，农民占所有党员总数的76%左右，而知识分子仅占党员总数的7%，军人及其他成分党员分别占全部党员总数的0. 8%与4. 8%，而剩余的10. 9%则为工人成分的党员。在后来召开的六届二中全会中，再一次统计了中国共产党的党员信息，相比较前一次的统计结果，发现工人成分的党员数量由原来的10. 9%下降到7%。之所以呈现出大幅下降的现象，主要是因为党内思想教育工作不到位，而这也表明了在党内克服非无产阶级思想的紧迫性。1929年，古田会议的召开明确地指出了当前党内存在的非无产阶级思想等相关问题，同时发表了著名的《古田会议决议》。在决议中率先阐述了关于纠正党内错误的相关内容，而这也成为了本次召开古田会议的最核心的内容，决议要求，将无产阶级思想、无产阶级政党以及人民军队，作为本次召开会议的核心。同时，决议对当前党内存在的一些错误思想进行了严肃的批判，并予以改正，全面地阐释了马克思主义对于中国共产党思想教育的重要价值，同时展现了中国共产党对于思想改造等方面工作的理解。在决议中明确地阐述了当前党内共存在八种非无产阶级思想，这八种非无产阶级思想对党内政治环境造成了严重的危害。同时，针对这八种无非产阶级思想，提出了具有针对性地解决策略。更

① 赵洪福. 邓小平忧患意识论析［J］. 重庆邮电学院学报（社会科学版），2004（05）：20-24.

重要的是，决议对党员的发展做出了明确地规定，要求党员应当坚持政治思想，在思想意识与行为两方面坚决不犯错误，以大无畏的牺牲精神投入到各项工作中，不准赌博，不准吸食鸦片。同时，要求党员应当认真开展批评与自我批评，在日常工作中，贯彻落实民主精神，全面肃清党内存在的非无产阶级思想。古田会议明确了党的思想建设理论与基本原则，随后，经过不断的发展，党的思想建设的相关理论已经成为了毛泽东关于党建的一个重要的观点，也是我们开展廉政文化建设的基本原则。为了能够进一步提升全体党员的马克思列宁主义水平，避免教条主义对全体党员的影响，彻底消除党内的非无产阶级思想，有效催生党员的战斗力与凝聚力，争取早日夺取抗战胜利，从1941年起直到1945年，中国共产党始终坚持开展思想建设活动，开始在延安以及各抗日根据地开展党风整顿活动。整风运动所针对的就是党内存在的主观主义、宗派主义与党八股问题。延安整风运动始终将惩前毖后的方针落实到底，通过开展党史学习教育等多种形式，不断开展自我检查与自我教育，同时，结合党内民主机制，通过开展批评和自我批评，努力寻找问题的根源，寻找解决问题的办法消除非无产阶级思想对党员干部的负面影响，进一步增强党员干部的党性，明确思路，达到了提升同志团结性与凝聚力的重要目的。延安整风运动是中国共产党历史上规模空前的思想解放运动，是党员干部进一步提升了自身马克思列宁主义的思想水平，为夺取抗战胜利，实现新民主主义革命的胜利打下了坚实的思想基础，在党成为执政党之后，一方面总结了古田会议、延安整风运动的经验，另一方面，结合时代特点，继续开展党内整风运动。通过积极开展批评和自我批评，彻底清除党内的非无产阶级的思想，最终形成一个完善的监督体系，在党内成立了民主生活会。在七千人大会中，邓小平同志讲到，党委内部要能够开展心灵上的交流，为更好地开展批评与自我批评创设良好氛围。同级的同志可以通过谈心的方式来达到监督的目的，这样的效果可能会更好。而刘少奇同志也提出建议，每个省委需要每季度召开一次民主生活会，每季度过一次党内生活。而经过毛泽东同志的批准后，刘少奇与邓小平提出的民主生活会制度，也开始在党内逐渐应用起来，成为中国共产党的独特制度。

通过发动群众积极参与到党内监督过程中，公开对党内存在的非无产阶级思想进行批判，是我们党进行思想建设的重要方法，也是维持党的纯洁性的基本途径。这是毛泽东同志对黄炎培问题的回答，也是中国共产党对广大人民群众的承诺。党在局部执政时期，敢于接受群众的监督。在抗日战争时期，边区政府的参议员们不仅需要对政府的工作进行评论，还要将许多法案转交给政府，由政府来完成。在参议院不开会时，需要选举出常任议员来对政府的行为进行监督。被选举出来的常任议员共有九人，其中有三名是共产党员。

李鼎铭先生为边区政府提出了建立三三制的建议，他认为，采用三三制，能够加大对政府的监督力度，有效克服非无产阶级思想的产生。同时，谢觉哉也认为，三三制是我们党进行自我约束的有效途径，人们选不选共产党员共产党也没有权利决定他的选择。但是，如果超过三分之一的当选共产党员当选，共产党将不得不辞职。你为什么要这么做？因为革命需要一个领导有力的党，一个领导优越的党很容易被支配和安排。不仅广大人民群众对执政党不满，而且对党本身也是非常不利的。没有群众的支持，党就会失败。因为能够作出这些好做法的地区，都是中国最进步的地区，是抗日民主根据地。在这里没有贪官污吏、没有土豪劣绅，没有赌博与嫖娼，整体呈现出了廉洁公正的社会氛围，是当时中国最先进、最干净的地区。1940 年，陈嘉庚先生来到延安，通过对延安进行观察，他认为，解放军明显要比统治区好得多。在他看来，延安到处是勤劳朴实，清正廉明，中国的希望正是出自这里。到了 1950 年，中共中央专门出台了《关于在报刊上开展批评和自我批评的决定》，号召全体党员与广大人民群众能够在报刊上公开对党内存在的各种腐败现象进行揭露，并敢于在人民群众面前开展批评和自我批评。同时明确规定，报刊发表的一切批评意见，由新闻工作者和报刊编辑独立负责。只要报刊确认这种批评基本正确，即使没有征求或取得被批评者的同意，也必须负责发表。在读者来信中，如果出现了有用的批评，并且被判断批评所言真实，那么就应该在报刊上发表，如果在报刊上发表之后确定批评是属实的，那么，被批评者应该在同一个报刊上表示接受批评，并且明确改正的方案提出改正结果。如果存在着不准确的地方，那么被批评者应该在同一份报纸中，阐明真实情况，对非事实部分进行更正，并且对批评中正确的部分予以接受。如果被批评者明确表示拒绝或者是攻击批评者，那么党的纪律检查委员会会对被批评者进行严肃处理，如果在上述事项中出现了违反纪律的行为，将会交由国家监察机关的司法机关进行处理。1951 年，毛泽东同志对人民来信等相关问题进行了重点强调，要求必须将人民的通信重视起来，进行正确的处理，不能采取掉以轻心的态度，不能用官僚主义的态度对待人民来信。如果人民来信的量很大，本人无法完全处理，应该设立专门的部门，或交由专门的人员负责信件处理。如果信件的数量不多，本人或者交由秘书能够处理，则无须配置专人。同年六月，政务院针对人民来信和接收等相关问题作出了指示，要求各级政府需要鼓励人民勇于进行党内监督，监督政府行为与相关工作人员。同时，对于市级以上的人民政府，需要成立专门的部门并指定专人负责对人民群众的来信进行处理。对待人民群众的来访，应当成立专门的问事处，或者是接待室，同时，领导人需要对相关工作进行及时检查。在中央的倡导下，很快在全国范围内掀起了批评与自我批评的热潮。其中，比较具有代表性的有，1952 年元旦，中华全国总工会副主席刘宁利用元旦团拜的机会，针对自己在出国考察以及会见外宾过程中出现的铺张浪费行为等进行了自我批评。纺织工业部副部长钱之光、陈维稷、张琴秋 3 人对《人民日报》报道的新设经纬纺织机械厂领导不力的基本建设责任事故进行了自我批评。中共河北省委副书记马国瑞、省政府主席杨秀峰分别代表省委、省政府进行了自我批评，并在《人民日报》上公开发表了对腐败案件负责地自我批评。河北省委书记的妻子弓彤轩在《人民日报》上就收受礼物的错误进行了自我批评，由于批评不彻底，要求重新进行批评与自我批评。这种行为在党执政的初期总是屡屡出现。这种敢于进行自我批评的精神与勇气值得被高度赞赏，真正地展现出了共产党人高尚的品格以及坚决与非无产阶级思想斗争到底的决心，这为营造良好的党内风气打下了基础。

（二）清除消极文化性因素

无数的历史案例证明，当出现消极的文化因素，尤其是能够对思想造成冲击的东西，必须要予以坚决抵制，否则，如果任由其自由发展，不仅能够对当时的时代造成严重的危机，并且能够对子孙后代造成不良影响。即使短期内没有产生较大的后果，但是也会埋下恶果。中国共产党在开展思想建设过程中，始终保持着高度清醒的状态，一旦发现了负面文化因素，立马进行高压处理，一旦发现了负面文化的苗头，便会对其进行坚决打击。针对这一问题，我们党的指导思想始终非常明确。党执政初期，党内留存着许多历史遗留的腐朽思想，一些享乐思想、个人主义等有出现的苗头，通过对许多材料进行梳理，能够发现，当时的确存在着许多贪污受贿，铺张浪费的现象，因此，必须要对其开展一项如同革命一样的大规模斗争，必须开展一下深刻的斗争运动，才能彻底消除。以往反动阶级留下的封建残余思想，才能有效规避资产阶级对党员的思想侵蚀。党内已经出现了享乐主义、贪污思想的苗头，因此已经对党内造成了较大的冲击，主要表现为存在着官僚主义作风、搞特殊化、贪污受贿等腐败问题。但是归根结底，之所以会出现这些问题，最主要的原因就是思想上的错误。如果不对这种现象进行严格控制，那么很有可能在党内燃起大火，导致对领导干部的作风产生更广泛的不良影响。毛泽东研判了党内形势，凭借着其独特的政治敏锐性，认识到了腐败思想在党内传播带来的不良后果，于是，在全国范围内果断地开展了“三反”“五反”运动，坚决与党内的腐败思想作斗争，针对党内存在的违法违纪等问题，采取严格措施根除腐败习惯，净化腐败环境。1952 年，“三反”“五反”运动取得了巨大胜利，并正式结束。调查统计结果显示，我国参加三反运动的人数超过了 850 万人，其中，将近四分之一的人都是出现了贪赃枉法的行为，经过核实后，有 4. 5%的人接受了政治处罚。趁热打铁，在 1953 年，在中共中央的大力倡导下，各地又发动了“新三反”运动，“新三反”运动的目的是解决当前存在于农村工作中的“五反”问题。在新中国成立以后，通过我党强大的反腐斗争能力，对首次出现的腐败苗头进行了强有力的镇压，有效避免了腐败思想对革命队伍的腐蚀，这为后续肃清旧社会的封建残余打下了重要基础。在党的大力镇压下，腐朽的苗头得到了控制，但却没有被完全根除，如果在满足历史条件的情况下，腐朽将会再次复燃。面对这种情况，在中国共产党第八届中央委员会第二次会议上，刘少奇便针对当前工人阶级受到帝国主义思想而升级为工人贵族阶级等相关问题进行了阐述，在他看来，如果不重视这一转变，可能会在党内出现一个新的贵族阶级。他的这一观点得到了毛泽东同志的赞同，毛泽东同志指出，如果没有对贵族阶层的苗头进行控制，那么中国共产党必然也会被革命掉。当出现腐朽思想的时候，必须要打倒。在此基础之上，毛泽东提出了召开整风运动的倡导，针对党内存在的主观主义、宗派主义以及官僚主义等进行整顿。实际上，毛泽东同志对当前党内形势的预判是非常正确的。1957 年，毛泽东在济南召开了党员干部会议，在会议中，毛泽东指出，部分同志开始丧失革命热情，由于取得了革命胜利，导致有些同志的革命意志出现了下降。并且毛泽东同志举出了党员干部的评级案例，指出部分党员干部在评级时争名夺利，在日常生活中比吃比穿。基于这一判断，从 1957 年到 1958 年，党中央决定在全党开展一场以农村和城市为主的整风运动，并取得了显著的成果。在此之后，随着我国逐渐建立了计划经济体制，一些掌握了国家权力的掌权者开始被享乐主义、私人主义的错误思想侵蚀，开始自我堕落，疯狂地铺张浪费、贪图享乐、贪污受贿。这种不正之风很快引起了毛泽东同志的注意，党中央经过研讨认为，如果任由这种错误思想肆虐下去，那么共产党很快就会面临腐败的危险。据此，在 1963 年，全国范围内开始了轰轰烈烈的“四清”运动，其主要内容是城市的清政治、清经济、清组织、清思想和农村的清账目、清仓库、清财物、清工分，统称为“四清”。

在党的十一届三中全会以后，我国逐步建立了社会主义市场经济体制，同时，扩大了对外开放程度，全国上下正处于社会转型的关键节点。在此期间，国际社会经历了东欧剧变资产阶级自由化等震荡全球的事件，中国的封建主义残余开始逐渐冒出苗头，在对外开放战略的促进下，西方的腐朽思想开始冲击中国社会，对部分党员干部的思想造成了严重的腐蚀。而在此阶段，中国正处在由计划经济向市场经济转向的关键阶段，由于缺少相关的体制机制，并且在管理监督方面相对薄弱，为一些腐败思想的滋生创造了机会。在部分地区，部分干部持着金钱至上的错误思想，他们价值观扭曲，原本坚定的共产主义信念开始动摇。为了能够对这些腐朽思想进行严厉的打击，压制腐朽思想的传播，邓小平作出了重要论断。他指出，伴随着改革开放，一些腐朽的、阴暗的东西开始进入中国，导致一些地方出现了丑恶现象，针对这些现象，必须予以坚决取缔和严厉打击的态度，必须加以严格控制，不能任由其自由发展。在改革开放的影响下，西方的腐朽思想开始入侵中国，再加上中国的传统封建思想对党员干部思想的冲击，导致党内出现了许多拜金主义、个人主义的消极思想。面对突如其来的考验，我们应当保持高度的警惕，防止它们被腐朽的思想文化侵蚀。江泽民同志主张对外开放，不要不经过分析就照搬外国的东西，只引进先进的东西，学习对我们有益的经验与知识，针对一些错误的，腐朽的文化与思想，我们不但不能将这些东西引进，而且要秉持坚决的态度以斗争。如果我们在思想上、在政治上过度开放，任由那些错误的思想，对我们的社会造成污染，对人民群众进行思想侵蚀，那么这就与我们对外开放的初衷是背道而驰的。在党中央的正确领导下，通过采取积极的战略措施，结合多种管控形式，全方位地大疾病镇压了腐朽思想的热潮，思想建设整顿工作取得了显著成果。

（三）防止消极文化因素蔓延

针对腐败分子，我们党始终坚持严厉打击的态度，一切能够带来腐朽思想的害群之马，都要接受严惩。只有这样，才能永远保持党员队伍的纯洁性。同时，通过对其展开深度分析，对腐败分子、犯罪分子进行严格惩处。针对后来者要采取教育的措施，避免腐朽思想进行转化，遏制腐朽思想蔓延的趋势。因此，查处腐败分子一方面是对腐朽思想的破除，另一方面是对党内风气的整顿，同样是破与立的辩证统一。在党执政初期受到多种因素的影响，党内一度出现了许多腐败思想，甚至在某些地区达到了十分猖獗的程度，一些腐败浪费的不良作风正在向革命队伍发起冲击，许多地区已经侵蚀了政府机关以及企事业单位，甚至在一些地区已经开始与党组织进行战斗。此时，这些问题已经不容忽视，必须引起每一个党员的重视，引起党中央的高度警惕，面对这种情况，毛泽东同志指出，在过去的一年里，组织没有对资产阶级保持高度警惕的态度，尽管资产阶级在革命中受到了冲击，但通过工商业的发展，其又重新焕发了发展的苗头。尤其是通过抗美援朝战争，资产阶级发了一笔战争财，同时在政治上，资产阶级也想有了一定权利，因此开始猖獗肆虐，向党组织发起进攻。而如今，我们已经到了必须要针对资产阶级的关键时刻，只有使资产阶级偃旗息鼓，才能避免社会向资产阶级倾倒。实际上，这种现象在过去的 50 年里是一直存在的，因此，在邓小平对这一阶段进行回忆的过程中，始终坚持自己的观点，他认为，对这股思潮进行反击不仅是必要的，也是重要的，如果不对他们反击，那么我们就无法前进。具体到腐败分子的惩处方面，毛泽东指出，鼓励腐败分子进行坦白和检举，针对情节较轻的腐败分子予以批评教育，如果情节较重，可以撤职，直到将最恶劣的贪污犯枪毙，才能有效遏制贪污问题的出现。在查办“共和国反腐第一案”时，尽管毛泽东对刘青山与张子善表示十分惋惜，但是毛泽东对二人的态度也是十分坚决的，在原则问题上，必须坚持到底。针对张子善与刘青山的案件，毛泽东也说到，尽管张子善与刘青山等是有功之臣，尽管杀他们也是万般无奈，但这也是必行之举。正如《资治通鉴》中对治国所描述的那样，如果都是寡廉鲜耻，贪污无度的，而国家又不能采取办法对这些人进行治理，那么必定会导致天下大乱。这一点，不论是国民党还是共产党。通过对刘青山与张子善等人的严惩，使我党在人民群众中进一步提升了自己的威望。而针对改革开放与社会主义市场经济作用下产生的各种腐败问题，邓小平等人强调，针对腐败分子，必须采取坚决的态度对其进行严惩。邓小平同志指出，如果是涉及政治或思想领域的问题，只要不触及刑律，那么就不会受到刑事处罚，因此，也就不存在是否死刑的问题，但是如果要是情节比较恶劣的经济罪犯或是刑事罪犯，必须要按照法律规定，杀一儆百。同时，邓小平指出，1952年，我们为了杀一儆百，刘青山与张子善，但是现在只杀两个人，已经不能再起那么大的作用了，只有多杀几个，才能真正表示出共产党在反腐斗争上的决心。除此之外，江泽民同志也反复在中央纪委全会上强调，党风廉政建设的重要价值，强调反腐败斗争的基本思想包括对反腐败相关案件进行的战略部署，对开展党风廉政建设与开展反腐败斗争提供了明确地指导。江泽民同志认为，反腐败斗争能够对党的生存发展起到决定性影响，因此，无论反腐败斗争涉及谁，无论反腐败斗争涉及多少人，都应该一查到底。因此，应当集中力量针对一批大案要案进行重点审查，尤其是那些发生在党政领导机关部门、司法部门等的案件。胡锦涛同志也在中央纪委会上提出，必须要让铁拳能够将腐败分子挨个击倒，在胡锦涛的大力倡导下，陈希同、胡长兴等一批高官被抓，一个又一个串案被攻破。整体而言，经过了党中央的坚强领导，再加上全党以及广大人民群众的共同努力，党风廉政建设以及反腐败斗争能够在任何社会阶段和历史时期取得良好成效。经过我党的党风廉政建设与反腐败斗争，能够有效遏制党内腐败现象的蔓延，一些深层次的问题正在逐一被解决。从1996年开始，为了能够明确人民群众对党内反腐败斗争的满意度，中央纪委以及相关部门选取了全国范围内十个不同省份，共一万人进行随机抽样调查。统计调查数据表明，群众普遍对反腐倡廉工作表示高度认可。

第四节　廉政文化建设的道德意义

实际上，之所以会滋生腐败，主要是受到来自主观因素与客观因素的影响。由于我国正面临着社会转型的关键时期，许多配套的法律制度还相对比较欠缺，这在一定程度上对腐败苗头的出现创设了有利空间，需要在后续的建设发展中，进一步完善配套的制度与体系。相关数据显示，2020 年，全国共查处形式主义、官僚主义问题 7.9 万件，批评教育帮助处理 11.8 万人，其中党纪政纪处分 6.3 万件，享乐主义、奢靡之风查处 5.7 万件，批评教育帮助处理 8 万件，其中党纪政纪处分 5.7 万件。全国纪检监察机关运用批评教育“四种形态”帮助惩戒 195.4 万人。其中，133 万人（占总数的 68.1%）使用了第一种形态的谈话函询、提醒批评。第二种形态轻处分、组织调整 48.5 万人次，占 24.8%；以第三种形态给予重处分、职务调整 7.1 万人，占 3.6%；第四种形态处理严重违纪违法或触犯刑律的 6.8 万人，占 3.5%，其中涉嫌职务犯罪移送检察机关的 1.7 万人，因其他犯罪被开除党籍或开除公职的 5.1 万人。最近几年，纪检委进一步加大了反腐败案件的查处力度，有效防止权力被滥用现象的出现。

一、关于社会道德水平严重滑坡的相关论述

随着改革开放进程的不断深入，中国的经济水平得到了显著提高，与此同时，中国进一步提升对外开放程度，这与世界经济全球化的趋势是不谋而合的，面对当前多元物质财富对中国社会的冲击，在享乐主义、奢靡主义等不良思想的侵蚀下，人们的思想价值体系正在逐渐弱化。这就使得一些意志力较为薄弱的人很容易产生腐败思想，面对这种情况，我们必须清楚地认识到，腐败思想以及腐败行为意识对于新时代造成的负面影响是极为严重的，在这个过程中，很可能会对社会稳定和谐产生严重威胁，因此，我们需要对腐败问题予以高度重视，确定对应的解决方案，在全社会范围内营造良好的氛围。

（一）社会道德水平下滑的原因

1. 社会道德氛围未形成

由于当前我国没有在全社会范围内建立好良好的思想道德文化氛围，导致人们无法正确地理解传统文化，针对传统文化建设中涉及的需要用辩证的眼光审视的传统文化，我们

应该去其糟粕，取其精华。例如，在古代文化思想中，我们常常会提到身体发肤受之父母，不敢损伤，他的核心思想是突出孩子的孝道，要求孩子对父母孝敬，但是这种要求实在过于苛刻。在新时代，我们应当借鉴古人关于尊重父母，孝顺父母的核心思想，摒弃一些与时代发展不符的内容。基于现代发展的实际情况，许多孩子被父母过度保护，成为啃老族，他们所获得的一切财富，并不是通过自己的双手和能力而赢得的，而是直接向父母索取。他们不仅没有优化父母的生活，反而使父母承担了更多生活负担，而这也充分说明了当代年轻人的责任感正在不断退化。

2. 法律制度不够完善

通过对当前中国社会的发展进程进行分析，可以发现，伴随着人们物质生活水平的不断提高，人们的人生观、价值观与世界观正在不断发生变化，由于人们对物质以及精神生活的要求越来越高，商家会抓住群众的心理，从中谋取不正当的利益。之所以会出现这种情况，一方面是由于商人的道德素质低，另一方面是由于缺少相关的法律制度对其进行约束。在企业发展过程中，企业领导者可能会受到个人私欲的影响，钻法律的漏洞最终造成食品安全问题的出现。通过进一步完善相关法律，尽管不能从根本上根治这一现象，但是却能够在一定程度上提高法律的约束力，降低类似事件的发生频率。

3. 社会道德意识的淡漠

社会公德实际上就是人们在社会生活中所需要遵守的一些基本规范，在现代社会发展过程中，我们可以发现，人们的社会公德意识正在逐渐淡漠，并没有将社会公德充分发扬出来，反而表现出了个人主义占据主流的现象。这就使得人们受到极端思想影响后，在开展社会生活的过程中，经常为了获得个人利益而损害他人的利益。

4. 西方思想浪潮的冲击

伴随着改革开放工作的不断推进，一些源自西方的错误思想开始对中国社会进行冲击。例如个人主义、享乐主义等等，使部分公民的思想受到了侵蚀，也对中国的传统道德标准造成了一定打击。

（二）解决社会道德水平下滑的办法

1. 创造良好的社会风气及道德氛围

针对于当前社会道德水平正在不断下降的趋势，我们应当率先以人的意识作为切入点，创设良好社会氛围，使党政干部以及人民群众都能够在这样优秀的社会氛围中不断提升自身的素养，树立正确的价值观念。当前社会中，一系列违背伦理道德的行为在时刻提醒着人们，时刻提醒着广大党员干部，要求广大党员干部能够充分发挥模范带头作用，在全国范围内推进“四德教育”，大力宣传爱国主义、集体主义和社会主义思想，将思想道德教育深化到学校教育、企业教育、农村教育和社会教育中，宣传社会公德、职业道德、家庭美德、个人品德。采用多种传播方式结合的手段，进一步加强思想道德教育，全社会营造良好氛围。

2. 加强和完善法律制度

构建完善的制度能够为活动的开展提供坚实的保障，为了能够妥善处理现代社会中暴露出来的不正之风，国家必须从多个角度入手，从多个层面入手，对社会发展中存在的问题进行深度分析，基于我国现代社会的基本国情，结合我国社会发展的真实状况，针对存在于社会发展中的真实问题，采取对应的解决措施。一旦发现不良行为，必须进行严肃处理，同时要能够做到杀一儆百，使人们能够时刻约束自己的行为。为了能够充分发挥法律制度对于社会发展以及个人行为的约束作用，执法人员必须要做到以身作则，只有这样，才能够将法制工作顺利完成，才能在全体党政人员以及人民群众中充分发挥自己的先锋表率作用，严格遵守国家相关的法律法规，加大执法监督力度，进一步提高法律的权威性，只有这样，才能为中国廉政文化建设提供法律保障。

3. 继承和发扬中华优秀传统文化

中华民族五千年的发展历程中，我们积淀了浓厚的民族精神。因此，在社会发展过程中，我们要将优秀的传统文化作为社会发展的基础，提出传统文化的精髓，将其与时代发展的需求相协调，从而做到对传统文化的传承与发扬。例如，古人为了表达对廉洁高贵的崇敬，常常用梅、兰、竹、菊四君子来展现个人的高尚情操。无论是“梅花香自苦寒来”，还是“不随红叶自低昂”，古代的文人墨客都借助植物生长的特性来表达自己对崇高气节的崇敬。具体到现代教育活动中，应当通过语文教学，使学生感受古代文人对清正廉洁的崇敬，加强对中小学的思想道德教育，力图使孩子能够从小学习优秀的传统文化成长以后，能够将这些传统文化继承发扬开来。

综上所述，针对当前社会道德水平出现下降的趋势，我们必须结合中国社会发展的实际情况，结合我国的基本国情，从多个角度入手，对当前道德水平下降的原因进行深度分析，采取多种手段在社会范围内营造良好氛围，进一步加强法治建设，强化道德建设，处理好个人国家与社会之间的关系。时时刻刻将国家利益放在第一位，将群众利益放在第一位，避免享乐主义对个人思想的侵蚀。

二、廉政文化建设在新时代发展中的必要性

部分公职人员受到个人私欲的引诱，没有按照规定使用自身权利，导致作出为了满足个人利益而损害他人利益的行为，这对于社会主义事业的建设发展是毫无益处的。为了能够进一步推动国家的发展，建设社会主义和谐社会，需要进一步加强廉政文化建设，严厉打击违法乱纪行为。

（一）创造良好廉政文化氛围的必然要求

一直以来，由于我国廉政文化没有建立起良好的社会氛围，因此导致廉政文化无法真正根植于人的内心，进而也无法在社会中形成良好风气。在现实生活中，贪官往往比清官更容易获得民心，这就使得清官不得不在这种不良的社会风气中逐渐被侵蚀，最终也成为一名贪官。因此，在现代社会发展过程中，应当在全社会营造良好的廉政氛围，加强廉政文化建设。

（二）铲除“腐败文化”的客观需要

之所以会出现贪污腐败行为，不仅是受到个人主观因素的影响，外部的客观因素也会对其造成一定影响，根本原因是贪污行为的一旦发生，并没有被立刻根除，反而受到了腐败文化的支持，最终导致贪污现象屡禁不止。① 在整个社会文化体系中，腐败文化是一种非常消极的文化，这对于我们建设先进文化造成了严重的阻碍，因此，我们必须将社会中存在的腐败文化彻底根除，只有这样，才能够避免腐败现象的发生，在新时代开展廉政文化建设，需要肃清腐败文化，进而进一步提升廉政文化的影响力。

（三）应对中外文化碰撞的需要

在改革开放政策的影响下，中国社会受到了许多来自西方文化的冲击，尤其是西方的拜金主义，享乐主义对中国的社会经济体制造成了严重影响，成为中国社会发展的重大阻碍。当中国的社会体制与西方的资产经济体制进行冲突时，就会导致出现极端个人主义以及享乐主义。因此，面对这种情况，应当加大廉政文化建设力度，抵制西方国家不正之风，对党员干部思想的侵蚀，消除享乐主义等错误思想，营造良好的社会氛围。

---

① 陈小明. 泉州海事局廉政文化建设研究［D］. 大连海事大学，2013.

（四）冲破市场经济的文化阴影的需要

在市场经济不断发展的过程中，为了能够满足市场经济对廉政文化建设造成的不良影响，需要将廉政文化建设落到实处，正确处理二者之间的关系，以长远的眼光来开展廉政文化建设，避免受到短期利益的诱惑。

三、新时代廉政文化建设的紧迫性

最近几年，我国在反腐败工作中取得了一定成果，一些贪污枉法的官吏受到了严惩。但不得不承认的是，当前我国的反腐败工作还存在一定问题，许多地区的反腐工作并没有落到实处，这与反腐败工作的根本目的是完全相悖的。

（一）领导干部未形成良好的廉政文化信仰

当前，结合我国公职人员的实际工作情况，可以发现，部分公职人员还没有建立起廉政文化的信仰，没有树立起正确的价值观念，没有严格遵守党政要求来行使自身权利。从行为艺术的角度出发，部分公职人员容易受到个人主义，享乐主义思想的侵蚀，导致其生活作风严重腐坏，而从思想意识的角度出发，一些公职人员会利用自己的职务之便来谋取不正当利益。如果一个人拥有的价值观是一个不正当的价值观，将会对其产生不正当的行为与思想造成决定性影响。许多公职人员还通过不正当的手段来谋取个人利益，追求个人利益的最大化，这些思想与行为并没有得到良好的遏制，之所以会存在这些问题，就是因为党政工作人员并没有坚定廉政文化信仰，导致社会风气被腐蚀。

（二）党政机关未形成健康文明的文化氛围

基于我国党政机关建设的实际情况来看，一直以来，党政机关始终都在受到腐败陈旧文化的影响，由于并没有将这些腐败落后思想彻底消除，导致无法在党政机关内建立良好的、和谐的文化氛围。这就意味着，党政工作人员必须要以身作则，建立良好的政治环境，加强党风廉政建设，营造良好工作氛围成为廉政文化建设的先驱。

（三）党政干部反腐倡廉思想意识薄弱

由于一些党政干部缺乏反腐意识，对社会发展中的腐败现象视而不见，导致社会发展环境中缺乏良好的社会氛围，反腐工作无法顺利开展。造成这一现象的原因是多方面的，例如，许多公职人员没有坚定自己的理想信念，在日常工作中，重形式轻，结果在工作方面始终保持着轻佻懒散的工作态度，导致党政机关工作效率大大降低，同时，部分党政人员缺乏责任意识，面对利益的诱惑会利用自身职务之便来获取个人利益。

实际上，腐败问题不仅是时代发展的问题，也是一个历史遗留问题，因此，只有彻底将腐败现象消除，才能够营造良好的社会氛围，才能够提高社会发展的持续性。对于领导干部而言，由于其没有形成良好的廉政文化信仰，导致不能在党内建立起积极向上的文化氛围，党政干部抗腐蚀能力薄弱，因此，开展廉政文化建设工作，是当前党内建设工作的当务之急。

第五节 廉政文化建设的教育意义

毛泽东同志在分析党风廉政建设工作时，讲过这样一句话，在思想领域，无产阶级不占，资产阶级就占。就农村阵地而言，毛泽东同志指出，如果社会主义不将农村作为革命阵地，那么资本主义就会将其占领。因此，将农村作为革命阵地，对于我国开展中国廉政文化建设具有重要参考意义，面对新时代新背景，如果我们没有将廉政文化社工作重视起来，那么必定会为腐败文化的滋生提供机会。因此，针对廉政文化与腐败文化的博弈，必须要加强廉政文化建设，占据文化建设的主导性地位，竭尽全力抵制腐败现象的滋生。同时，在开展廉政文化建设的过程中，应当加强建设力度，取得良好成效。

一、树立正确的理想和信念

理想能够反映出一个国家的凝聚力，能够反映出一个民族的团结力，能够对人生价值具有导向作用，对社会秩序起到一定的控制作用。自从中国共产党成立之后，就坚持在日常工作中深入贯彻马克思主义的基本思想，将马克思主义理论体系中所蕴藏的理想信念展现到了中国的舞台上。作为我国社会主义理论建设中非常重要的一部分，廉政文化的理想信念应当同样以马克思主义理论体系中的理想信念为基础。面对新时代新背景，必须要经得起时代对廉政文化建设理想信念的考验，因此主要有两个发展途径，分别是：第一，坚定理想信念，坚定不移地走中国特色社会主义道路，第二，保持艰苦奋斗的革命精神，将廉洁作风贯彻落实到日常工作中，贯彻全心全意为人民服务的宗旨。理想信念的产生与形成是会受到阻碍的，在其发展过程中，许多社会因素都会对其造成干扰。①

（一）理想和信念的探索过程

在中国共产党成立初期，许多党员还没有坚定理想信念，在向实践探索的过程中，出现了摇摆不定的情况，军队对于领导干部也会产生不信任感，这种思想意识的混乱，成为中国共产党革命路途中的重大阻碍。1929 年，红军召开了第九次党代会，这次会议的召开，对于工农红军的发展具有至关重要的价值，古田会议要求把党指挥枪作为军队建设的基本原则，进一步提升党对军队的领导地位，同时指出，马克思主义政党建设的必然选择，并且从积极的角度对当前中国革命中存在的问题进行了深度分析，明确了在未来一段时间内党建工作的基本目标，妥善处理了党建工作与社会主义建设发展之间的关系。

俄国的十月革命取得了胜利，这使得马克思主义能够在很短的时间内便在中国赢得了广泛的关注，并被广大人民群众所接受，使他们内心渴望当家做主的迫切愿望逐渐苏醒。中国共产党将马克思主义作为自己的理想，作为自己的信仰，并为了实现这种理想而努力奋斗。在中国共产党的发展时期，必须抗击国民党反动派的冲击，尽管国民党用高官厚禄等诱人条件对共产党员进行威逼利诱，但共产党员始终坚持自己的理想信念，高举中国共产党的伟大旗帜。1930 年，毛泽东同志撰写了《星星之火，可以燎原》的伟大著作，这不仅为广大共产党人的心里撒下了一颗希望的种子，同时，也为中国革命的胜利提出了一条崭新的道路。第二次世界大战爆发之后，由于受到日本帝国主义的侵略，中国面临着生死存亡的紧要关头。为了能够抗击日本帝国主义对中国的侵略，中国共产党团结带领各族人民扛起了抗日大旗。中国共产党用无数的鲜血筑成了抗击日本侵略的长城，与此同时，中国共产党的牺牲精神也成为值得后人学习敬佩的伟大精神。二战结束以后，面对东欧剧变，苏联解体的巨大变化，资本主义开始对社会主义进行攻击，中国的社会主义生存环境非常恶劣。但即使这样，中国仍然坚定不移地坚持了社会主义道路，冲破了西方资本主义为中国设置的重重困难，最终取得了举世瞩目的成就，也向西方社会展示了马克思主义理想信念的重要价值。

（二）理想信念的形成与发展

理想信念是需要进行培养的，一个人是否具有理想信念，并不能依靠自然而形成，而

---

① 宋军. 中国共产党文化发展战略思想研究［D］. 华南理工大学，2011.

是需要通过进行教育来形成正确的理想信念，拥有理想信念的人，一方面，需要不断提升自身修养，同时也要受到环境与组织的熏陶，通过不断学习正确的思想理论，才能进一步坚定正确的理想信念。因此，树立理想信念的重要前提就是开展理论学习，应当进一步明确社会主义理论体系的基本方向，确立正确的理想信念。自中国共产党成立之后，历届领导人对开展理想信念教育都是十分重视的。① 例如，在革命斗争时期所发表的古田会议决议，便针对党内领导干部的教育问题进行了详细的安排，并设置了十种学习教育资料，这为后续开展党内教育工作提供了可以借鉴的实践经验，使党外教育工作的开展有了理论依据。通过开展党内教育与党外教育结合的方式，能够帮助党员干部进一步端正自己的态度，树立正确的理想信念，积极地进行批评与自我批评，及时对工作中存在的问题进行反思，坚定不移地走群众路线，实现了政治工作与经济发展的协调统一。

延安整风运动是第一次中国共产党开展大规模整风运动的尝试。1941 年，毛泽东同志发表了改造我们的学习的报告，而报告的提出也宣布了整风运动正式开始。伴随着延安整风运动的不断实践，使党员干部能够深度学习马克思主义思想，也使中国革命确立了今后的发展思路，在思想上进一步提高了党员干部的思想水平，全体党员能够增加凝聚力，增加团结意识。因此，可以说，延安整风运动对于中国共产党的发展具有至关重要的作用，这是中国共产党进行党风廉政建设的伟大创举。步入 21 世纪，党中央始终坚持在全党开展三个“代表”学习活动，坚持对党员开展思想教育，使党员干部能够始终保持清醒头脑。

怎样才能强化理想信念？最关键，最核心的问题在于发展，在中国共产党的发展过程中，我们应当紧紧抓住社会主义建设的根本性，使其能够与广大人民群众的思想意志相符合。理想信念是社会主义建设发展的源源不竭的动力。当前，我们的理想信念就是实现人的全面发展，推进社会主义事业的建设，只有这样，才能够在实现国家发展的同时，促进个人发展，才能够使党的建设更加符合社会发展进步的需要。在党发展建设的过程中，必须要坚定理想信念，推动党建工作的深化发展。

（三）理想和信念的基本特性

理想和信念之间的关系主要表现为相互协同、相互互补，并且彼此独立、不可替代。可以说，理想和信念是密切相关的，二者的协同配合能够成为党建与党风廉政建设的思想

① 郑晓萍. 农业院校大学生社会主义核心价值体系教育机制研究［D］. 四川农业大学，2011.

基础。理想和信念都是在社会发展，人类进步的过程中产生的，所谓理想，实际上就是人们对于世界的一种看法，或者说，理想是一种信仰。而信念则能够成为我们社会生活中的一部分，是我们社会生活中开展任何行为的最终目标。因此，从这个角度看，理想与信念强调的是不同的层次，理想也是信念的最高表现形式，信念需要受到不同层次理想的影响，同时，能够处理好不同层次理想之间的关系。社会主义将马克思主义的理想信念作为发展建设的重要思想基础，中国共产党也将这一信念和理想作为社会主义建设的行动指南。① 因此，在党建工作中，我们应当坚持马克思主义理想信念，进一步推动党建工作的更好发展。

二、树立和践行公仆意识

中国的宪法中明确对党员干部的权力进行了规定，指出一切权利都属于人民。在中国共产党的领导下，公仆意识已经深深根植到每个党员干部的心中，成为全部党员的基本共识，并且有意识地将公仆意识通过实践工作实现有形向无形的转化，进一步丰富了公仆意识的内涵，彰显了公仆意识以及对于我国社会发展的重要价值。由于党风廉政建设与党政干部的公仆意识存在着密切关系，因此，如果想要提高廉政文化建设的效果，就要使公仆意识能够做到与时俱进，能够利用改革创新来不断进行自我更新。

（一）公仆意识的基本特性

无论是全心全意为人民服务，还是以人文本，我们党始终都强调着党政干部的“公仆意识”。尤其是在廉政文化建设的过程中，发挥党政干部的公仆意识的作用是不容小觑的。基于理论研究角度，结合时代发展特点，能够发现新时代公仆意识的特点主要包括：

1. 公仆意识的人民性

对于党政工作而言，人民性是最基本的要求，公仆意识的人民性能够将权力的基本性质有效反映出来，基于政治发展的角度，公务员意识实际上就是社会政治发展领域中非常重要的一部分。公仆意识是我们在治国方面的璀璨成果，在巴黎公社中，公仆意识已经取得了良好的实践成果，马克思与恩格斯也肯定了这种公仆意识的重要作用与价值。通过对人类历史演进的规律以及对权力进行辩证分析，马克思与恩格斯认真地总结了巴黎公社取得的经验，同时对公仆意识的概念和内涵进行了深刻的探讨。马克思认为，通过普选的方

---

① 辽宁省归国华联合会课题组，李忠壹. 论凝聚侨心侨力同圆共享中国梦——侨务创新发展的三重维度［J］. 辽宁省社会主义学院学报，2017（04

式产生的代表并不是用来对人民造成压迫的，而是应当为人民提供更好的服务。巴黎公社所倡导的公仆主义一直是马克思主义者渴望能够在各国政府中实现的理想与目标。具体到我国，孙中山先生率先提出了公仆意识的想法，他认为，全体国民都应当相等，平等，自由的基本权利官员应当是国民的公仆。在中国共产党成立之后，更是将公仆意识发扬光大，要求全体党员干部都要具备公仆意识，全心全意为人民服务。毛泽东同志指出，党内所有党员干部不论职务高低，都应该是人民的公仆，所有党政行为，都围绕着人民利益所开展，所有一切行为都为人民所服务。邓小平同志也指出，领导干部的主要职责就是为人民提供服务，并且，邓小平将自己亲切地称为是人民的儿子。江泽民同志要求，全党要牢记全心全意为人民服务的基本宗旨，做好人民的公仆。陈云指出，共产党人就是给人民群众当差的共产党人全部的行为与工作基本出发点，与落脚点都是群众利益，群众的意见，群众的呼声就是评价一个干部是否符合标准的刻度尺。胡锦涛同志指出，党享有的所有权利都应该为民所用。在党的第十届全国人大五次会议中，便提出了要求，进一步增强党员干部的公仆意识，使党员干部能够在日常的工作生活中贯彻落实全心全意为人民服务的基本宗旨。在第十届全国人大五次会议结束以后，温家宝同志在记者会上便提到，政府的一切权力都来源于人民政府的一切行为，都是为了人民，一切成就都要归功于人民。我们必须始终坚持全心全意为人民服务的公仆精神，除了成为人民的“公仆”之外，所有党政干部不具备任何其他权利。2021 年，习近平针对公仆意识也做出了重要的讲话，指出，江山就是人民，人民就是江山。几代领导人关于公仆意识的精辟的论断，能够充分彰显我们党全心全意为人民服务的基本宗旨，能够彰显出共产党员牢记使命，不忘初心的党员风格。实际上，权力的所有权以及权力的行使权必须要进行分离，并且在这种分离的过程中，必须要保持权力的人民性。这就意味着，当权者必须坚持以人为本的理念，否则，就会使权力的属性发生改变，导致官员错误地把人民赋予的权力转变为可以擅自使用的权利，反而对人民利益造成了损害。当前，许多党员干部在公仆意识方面还存在着薄弱之处，他们整日考虑的只有升官发财，只有利益，成为一名腐败分子。这严重地降低了人们对公职人员的尊重，使政权体系逐渐丧失了人民的信任。他们混淆了公仆与“主人”的地位，混淆了“公仆”与“主人”的本质。要知道，对于权力而言，是必须掌握在“主人”手中的，“主人”才是权利的根本。

2. 公仆意识的时代性

无论是对任何理论开展的研究，还是对任何活动开展的实践，都需要遵循时代特点，这也意味着，理论必须要具有与时俱进的基本特点。对于公仆意识而言，在不同的时代，公仆意识的内涵是不同的。尽管在革命时期，我们党便提出了公仆意识，避免公职人员出现成为主人的私享，但是受到个人认知水平的限制，我们对于公仆内涵的界定，以及对于公婆内涵的表述还不够全面。根据马克思以及恩格斯等人的观点，公仆意识就是指公职人员对于人的权利不感兴趣，使权利丧失其吸引力。这里可以充分参考巴黎公社的经验，也就是说，采用选举的方式来任命公职人员，如果公职人员需要被更换，可以及时参考人民群众的意见进行及时更换。取消全部办公费用，取消官员所掌握的金钱特权，使全部公职人员的工资水平与工人的工资水平相一致。在此基础之上，列宁对这一理论与思想进行了深入发展。根据列宁的观点，他认为，全体人民群众都应该是官僚，就不会出现官僚。因此，依据列宁的观点，哪怕是一个厨师，也具备国家管理的能力，因此，国家管理只是一项简单的事物，简单的事物，它所能够获得的就是普通工人的薪水。但是，伴随着社会的发展，国家管理职能正在逐步复杂，公职人员的劳动内容也更加复杂，因此，如果根据按劳分配的思想，也不能将公职人员的工资与普通工人的工资简单地画等号。而由此，公职人员与普通工人之间的收入差距就会表现在公职人员的职务以及权利的特权上，这是从法律和制度角度对官员履职的合理安排。习惯性思维使一些人把马克思列宁主义当作教条，拘泥于“公仆意识”的理解，无条件地要求领导干部在任何阶段、任何时间、任何地点，削足适履地适应“公仆意识”。既要明确肯定这种安排在现有体制的合理性，又要坚决反对那些打着所谓“公仆意识”的旗号，维护既得利益，沉迷封建贵族的人。对于那些突破现有制度安排，假借公仆之名剥削人民利益的叛逆者，要坚定不移地予以惩处。

3. 公仆意识的先进性

公职人员应当始终保持意识的先进性，只有这样，才能够在社会主义建设的事业中，充分彰显社会主义的优越性。这就意味着，相较于普通人而言，公职人员的道德水准要相对更高。这不仅是人民群众对于公职人员的普遍要求，也是负责任的，公职人员对广大人民群众的承诺。根据社会学的观点，人民对公仆的满意度能够对其行为造成一定影响。这就意味着，社会各阶层的人总是在脑海中解读公仆的形象，用自己的个人感受、生活视角和思维方式来判断公仆的道德水平。所以，公仆们要严于律己，进一步提升自身道德修养，充分发挥公职人员的表率作用。另一方面，新闻媒体也要对公仆进行适当的宣传，避免采用说教的方式，避免用空话套话进行公仆意识的宣传。对于理论工作者而言，则需要充分结合当前我国发展的实际情况，应当以科学的眼光界定公仆的道德标准，不能随意提高这一标准，当然也不能随意贬低，避免丧失公仆的示范性。否则，这样不仅会导致人民对公仆的期望无限制，提高对于社会主义道德建设也是十不利的。因此，若想提高公职人员的抗腐败能力，就必须将公仆意识深植到每个公职人员心中。

4. 公仆意识的社会性

归根结底，人类必须要在社会中才能开展各项生活活动。因此，对于公仆而言，公仆意识的社会性前提是要强调公仆人与普通人一样都具有经济人的特点。从人的本质上看，人不仅包含其政治的一面，也要具有经济和社会的一面。明确这一观点能够使我们更加贴近事实地对公仆进行评价，能够使我们以科学的态度去制定相关政策，进而理性的引导群众正确对待与正确认识。这与公共选择理论的观点是不谋而合的。作为政府官员，其能否对社会公共利益保持忠诚，主要会受到外部制衡结构的影响。针对违法乱纪的公职人员，需要依照相关法律，对其予以严厉的经济处罚，也就是说，采用这种方式，能够真正地触及公职人员的切身利益。实际上，我们党对这个问题已经予以了高度关注。根据 1941 年的《陕甘宁边区施政纲领》中的规定，对待公职人员，需要用高薪酬的方式来确保公职人员能够廉洁，因此需要保证公职人员以及其家属的物质、文化生活的基本需求得到满足。应当注重对领导干部的教育与引导，使广大领导干部能够正确认识个人利益与整体利益之间的关系，进一步增强领导干部的公仆意识。除此之外，应当推动机构的进一步改革优化，需要合理控制基尼系数，实现分配制度的合理化，实现“以薪养廉”的目标。

5. 公仆意识的实践性

由于公仆意识的实践性特征，为中国共产党的执政为民开启了新的境界。通过对人类历史中出现的各种执政观念进行对比分析，可以发现，公仆意识是距今为止先进性最强的执政观念。对于公职人员来讲，如果他能够树立正确的公仆意识，那么就意味着他的所有工作与生活都不再是为了自己，而是与广大人民群众与中国共产党与中国的社会主义事业建设相关。例如，任弼时同志，他把自己比作为骆驼，认为他所承担的是民族的希望，又如，董必武同志，他愿意把自己比作龙套，表示了他愿意在生活与工作中成为配角的谦虚谨慎的风格。在中国共产党的建设发展过程中，出现了许多人民公仆的典型形象，例如，孔繁森、焦裕禄等人，他们获得了人民的爱戴，获得了广大人民群众的尊重。在抗击非典的过程中，总书记总是担心一些人的生命安全会受到威胁，而总理也是始终将人民的利益放在政府执政的首位。由此我们可以看出，公仆意识与人民群众之间存在的千丝万缕之间的联系。受到中国传统文化的影响，人民群众总是将人民公仆与古代的“清官”进行对比。无论是基于理论还是基于实践，公仆的民主意识以及服务意识都无法与人民心中所认定的“清官”进行比较。但是，这里的“清官”需要具备许多积极的内容，包括公正廉明等等，与此同时，还要具备很强的自律意识。因此，对于共产党人来说，一方面需要继承中华传统的文明精髓，一方面，需要充分吸纳廉洁的美德，同时，挣脱廉洁的局限，使共产党人能够永远保持朝气与活力。从而成为人民的公仆，成为推动国家发展的核心力量。

6. 公仆意识的辩证性

公仆意识的辩证性是与历史发展的规律相贴合的。如果作为人民的公仆而不为人民服务的话，那么最终人民就会抛弃他，这就是历史辩证法告诉我们的道理，也就是说，水能载舟，亦能覆舟。但是，通过对过去的几千年的历史发展进程进行分析，我们发现，许多正当都没有正确看待这一历史发展规律。例如，苏联共产党在创业时期辉煌无比，而在谢幕时期，却又十分凄凉，罗马尼亚的齐奥塞斯库总统夫妇在逃亡时，人民也没有出手帮助，包括东欧的匈牙利事件等等，之所以会出现这种情况，都是因为政党的领导人公仆意识弱化，在官僚主义作风的影响下，导致出现了许多错误行为，因此，我们说党的作风能够决定着国家的存亡与发展，这绝对不是空口无凭的。

（二）树立公仆意识的必然性

在新时代开展廉政文化建设的核心内容，就是对人进行思想政治教育，开展道德教育，进而使全体党政公职人员以及广大人民群众都能树立正确的思想。实际上，在廉政文化建设的过程中，党政文化建设是非常核心的内容，因此，在廉政文化建设的过程中，必须要处理好党政文化与社会文化建设之间的关系，实现二者的协调一致。使广大人民群众能够对党政工作产生更多认同感，使党政工作人员能够充分发挥自身领导带头作用，通过开展党风廉政建设，能够帮助党政工作人员树立正确的公仆意识，从而真正做到全心全意为人民服务，真正将人民的利益作为党政工作的出发点与落脚点。因此，党政工作人员必须要树立公仆意识，这是必然选择，具体表现为：

1. 强化公仆意识是党和人民的要求

只有进一步提升党政工作人员的公仆意识，才能调动全体公职人员执政的积极性和主动性，从而能够为广大人民群众谋取更多福利。因此，对于公职人员而言，公仆意识是其必须具备的基本要求。在社会发展进程中，社会财富必然是存在一定限度的，但人的欲望却是无穷大的。社会财富的有限性和人的欲望的无限性在社会发展中存在着极其突出的矛盾。社会财富和人们欲望之间的不平衡已经存在了很长时间。这就要求党政领导树立终身学习意识，进一步提升个人道德水平，从而能够使公职人员始终保持坚定的毅力，通过弘扬艰苦奋斗，勇于牺牲的精神，使公职人员能够成为广大人民群众的楷模，成为廉政文化建设的先驱。实际上，党政领导的号召力在具体的实践工作中能够表现出较强的不确定性，这是因为在具体的实践过程中，党政领导的人格魅力很容易突然发展，因此，这就要求党政领导必须具备公仆意识，不断进行自我教育，严格进行自我管理。具体到树立公仆意识的过程，这是一个由外向内的转化过程，这个过程要求党政官员具有较强的自律性，同时，具有强烈的自觉性，能够始终坚持中国共产党的领导，加强对党政权力的监督力度，能够自觉履行个人义务。因此，在党政公职人员进行公仆意识转化的过程中，应当主要从下列几个方面入手：（1）坚定不移地拥护中国共产党的领导，加强权力监督与约束力度，明确党委的全部决定与决策，划清权力边界。（2）约束政府权力，避免政府权力无限制扩增；（3）根据社会发展的实际情况，适当增加职能组织的监督权，增强职能组织监督权的权威性；（4）改革和完善党政工作中发布的各项制度，使之跟上时代发展潮流，集中力量发展社会主义民主政治制度，创新干部人事制度，进一步缩小干部的职权范畴，使人民群众成为党政干部命运的主宰者。

2. 强化主人意识是时代的呼声

只有使社会全体成员能够进一步提升自身主人翁意识，才能确保广大人民群众的利益不受损，这是时代发展的必然要求。党政部门在开展行政工作时，应当将依法治国作为工作开展的基本原则，按照各项法律法规，履行自己的权责，切实为广大人民群众的利益提供保障，确保人民群众享有的批评，检举等权利不受侵害。而广大人民群众应当积极参与到廉政文化建设工作中，使廉政文化建设能够更加系统化、民主化。因此，面对这种情况，党政公职人员必须要进一步完善党政职责，确保党政系统是公平的，公正民主的完善，相关的法律法规确保广大人民群众能够依法行使自己的监督权、参与权，确保广大人民群众能够享有知情权，通过采取多种渠道和方式，充分调动人民群众参与的积极性，同时，应当为人民群众提供多样化的监督渠道，进一步提升党政决策与相关行政工作的透明度。① 定期完善人民群众的工作机制，确保能够在第一时间发现行政机关中存在的问题。督促党政公职人员能够及时处理自身工作中暴露的不足之处。针对人民群众的信访工作，应当予以严肃的态度，及时向群众的信访提供反馈，通过采取多种渠道妥善解决群众在日常生活中面临的矛盾，针对群众利益中的越位错位等问题，应当做到全面、系统、科学地处理。在开展廉政文化建设的过程中，应当明确，党风文化建设与公众文化建设的重要性是一致的，在确保人民群众的利益不受侵害的基础上，进一步加强公职人员的公仆意识，

---

① 单真. 毛泽东廉政教育思想及其当代价值研究［D］. 湖北大学，2011.

使人民群众能够真正地享有自身权利，并积极投身于廉政文化建设过程中。

三、领导做示范当表率

一直以来，党都十分重视自身的带头模范作用，通过以身作则的方式协同全体社会公民，共同营造良好社会风气。首先应当搞好党风廉政建设，尤其是应当充分发挥各级领导干部的模范带头作用。针对这一问题，邓小平同志曾经指出，在整个社会中，党是这个社会的表率，而各级领导同志又可以成为全党的表率。因此，如果党组织不考虑群众的意见，对群众不闻不问，那么，怎样才能获取群众的支持和信任呢？群众又怎么会支持这样的党组织和领导干部呢？如果领导干部不对自己进行严格要求，随意违法乱纪，搞特殊化铺张浪费不与群众同甘共苦，不接受群众的意见与监督，甚至对群众的批评进行报复，那么我们又怎么能指望这些领导能够真正地改善社会风气呢？① 此外，江泽民同志也结合中国反腐倡廉的实际情况，从理论的角度对领导模范的重要作用与价值进行了分析，根据他的观点，之所以党内存在着许多不正之风，主要受到了领导干部不以身作则的影响，不正之风与腐败现象能够对党的凝聚力团结力、战斗力产生负面影响，甚至可能会对党造成致命伤害，只是因为这些不正之风，能够从根本上搅乱甚至破坏党和人民之间的关系。因此，对于领导干部来说，必须要坚持以身作则，必须要做到廉洁自律，这是他们必须具备的素质，也是党以及人民对这些领导干部的最低要求。党的领导干部，尤其是一些高级领导干部，能够在群众中起着非常重要的引导作用。有些同志总是对社会风气进行抱怨，但是这与我们领导干部发挥自身模范作用是毫无关系的，各级领导干部必须严以律己，树立良好形象，发挥榜样作用。只有这样，才能在管辖范围内营造良好的社会氛围，才能够及时解决纠正自身存在的问题。江泽民同志多次对各级领导干部提出告诫，要求他们在群众中做好表率工作，一方面需要做到以身作则，在工作中保持清正廉洁，另一方面，必须在维护国法，维护党纪方面发挥带头作用，承担起自己作为党内领导干部的责任。而胡锦涛同志针对领导干部的以身作则提出了更高的标准，他要求各级领导干部应当具备开拓进取的基本精神，将全心全意为人民服务作为工作开展的原则与宗旨，要求领导干部必须做到团结群众，争取协同广大人民群众共同取得社会主义现代化建设的胜利。有些领导干部不仅不听群众的话，反而还要群众听他们的话，还要群众时刻观察领导干部的行为，如果我们当面一套背后一套，群众也自然不会信任我们。

---

① 焦花凯. 邓小平作风建设思想及其时代价值［D］. 郑州大学，2016.

关于这一方面，我党许多老一辈无产阶级革命家，成为我们效仿的榜样。毛泽东同志曾经在七届二中全会针对资产阶级对党内领导干部的腐蚀提出了六条基本规定，分别是：①禁止给党的领导者祝寿；②不送礼；③少敬酒；④少拍掌；⑤禁止用党的领导者的名字作地名、街名和企业的名字；⑥不要把中国同志和马、恩、列、斯平列，禁止歌功颂德现象。1952年，北京市委向毛泽东同志报告了关于干部子女学校存在特殊待遇的问题。针对这一问题，毛泽东指出，如果条件满足的话，应当将全部的私立中小学接管过来。具体到干部子弟，学校首先应当取消等级差异，确定统一的待遇，第二步，应当将这种贵族学校完全废除。实际上，在毛泽东同志执政的初期，他是十分反对突出个人的。因此，当有地方上向他提出建议，类似于修筑铜像，修筑民居等请示，毛泽东会亲自进行制止。而在毛泽东执政以后，由于他身居高位，湖南老家的人不断向毛泽东请求给予特殊照顾，毛泽东对此，表示了明确的态度。凡是要求来北京拜访的，一律谢绝，如果坚持到底，偏要来，那么不报销路费，即使来了，也不会接待，公家也不会接待。此外，如果是来求工作的，也坚持四不主义，也就是不介绍，不推荐，不写信，不说话。如果是来反映地方工作情况的，可以作为材料进行参考，但不会直接处理，免得影响下面的工作。因此，从这里我们也可以看出，毛泽东同志是极其反对任人唯亲的。在毛泽东书信选集中，共收录了300多封信，在这300多封信中，有几十封是毛泽东写给家乡亲友的，有时可能是朋友和亲戚，希望毛泽东能够给予特殊照顾，但是毛泽东同志一律回复说，按照规定办事，有困难找组织。甚至就连杨开慧的哥哥要求毛泽东同志安排工作，毛泽东同志也没有应允，而是正确处理了家事与国家大事之间的关系，拒绝了杨开智的请求。在周恩来同志担任国家总理的这20多年里，他不仅对自己严格要求，同时也对家人严格要求。为了能够进一步划清公私之间的界限，周恩来同志专门定下了十条家规。其中包括不允许动用公家的汽车能做的事，不请别人代办，不以权谋私，不炫耀自己等要求。除了周恩来同志以外，毛泽东同志对自身的要求也是非常严格的。毛泽东同志身边的工作人员说道，从1952年到1962年的十年间，毛泽东同志没有增添一件新衣服，他只有两件睡衣，经过了反复修补，一直到毛泽东去世，都没有更换。因此，老一辈无产阶级革命家是当前党内高层领导干部以及基层领导干部的榜样与模范。1955年，解放军装甲兵司令员许光达在人民解放军授予的军衔时候才得知自己即将被授予的是上将军衔，对此，他感到十分忐忑，并向贺龙提出申请，向毛泽东提出了降衔申请，并在提出降衔申请后，向毛泽东同志推荐了王震。随后，党的历任领导人都坚持了党的优良传统，并将其发扬光大。例如，为了能够深化党风廉政建设，从高级干部开始就要，根据关于高级干部生活待遇的若干规定来约束自己的言行，尽可能地削减高级干部的官僚主义思想。邓小平同志指出，在过去，我们的生活并不像现在一样舒服，但是相较于一般的领导干部与广大人民群众还是好的。党中央出台了这个规定之后，就必须按照法律一样坚决执行，哪怕遇到困难，也要克服困难执行到底。经过艰苦的努力，当前我国各级领导干部嫌少出现腐败，思想党和国家的信任，老班子也得到了人民群众的广泛认可，在各级领导的带领下，无论是在革命时期，还是在社会主义建设时期，抑或是改革开放时期，我党都涌现了许多先锋代表人物，例如，焦裕禄、张思德、雷锋等人，他们像黑夜里的烛火，指引着我们前进的方向。

四、制定和实行廉政制度

廉政文化的形成，需要用廉政制度进行保证，而巩固廉政文化成果，更需要廉政制度的保驾护航。同时，廉政文化制度是廉政文化建设中的核心内容，因此，重视廉政制度建设也是至关重要的。早在中国共产党的第一次全国代表大会中就明确规定了廉政监督制度。在党纲中要求，如果某地方组织中党员人数较多，可以派遣党员到其他地区进行工作，但同样要受到地方执行委员会的监督。而地方委员会的财务以及政策等活动，需要受到中央执行委员会的监督。① 中国共产党第二次全国代表大会制定的第一部党章和第三次、第四次全国代表大会通过的历次党章修正案进一步补充和完善了这些规定。1926 年 8 月 4 日，中国共产党历史上第一个专门的反腐败文件《中央扩大会议通告——坚决清洗贪污腐化分子》颁布，并开始思考成立专门的党内监督组织。在井冈山斗争期间，毛泽东同志为了能够进一步提升红军的抗腐败能力，制定了“三大纪律、八项注意”。随后，毛泽东在古田会议期间又起草了《古田会议决议》，这份决议成为党与红军开展反腐败斗争的指导性文件，并在反腐斗争中扮演了重要角色。在新中国成立以后，中央人民政府针对反腐倡廉工作又相继出台了许多政策文件，包括 1950 年出台的《关于实行国家现金管理规定》、1954 年颁布的《中华人民共和国宪法》颁布。这些文件进一步明确了公民在国家机关工作中的监督权，同时也推动了我国廉政机构的建设进程。除此之外，还有 1952 年出台的《关于财经部门增加专司政治工作的副职的决定》、1955 年出台的《关于成立党的中央和地方监察委员会的决议》等等。1961 年，农村基层针对党内监督工作成立了监察委员会，随着党的十一届三中全会的召开，为了能够更加适应新任务的需求，各项监督制度以及纪检监察机构也不断涌现。在十三届四中全会以后，为了能够满足社会主义市场经济

① 赵俊华. 中国共产党的民主集中制研究 [D]. 中共中央党校，2018.

体制的需要，党中央进一步推进了党风廉政建设。在党的十六大报告中要求在全党范围内建设科学合理地具有约束力的权力运行机制。而在此之后，中国陆续出台了许多与反腐败相关的法律法规。通过出台相关的法律法规，进一步完善了政审审批制度，构建了系统化的财政制度，并进一步完善了产权交易，政府采购等各项机制，在派出机构与巡查方面也出台了配套的政策文件。据相关统计数据显示，改革开放以后，针对党风廉政建设问题，省部级出台的法律法规以及规章制度文件超过了 2000 多件。这些文件的出台，对于遏制腐败思想的传播起到了重要作用，在一定阶段范围内取得了良好成果。而这些文件与法律法规的出台，也标志着我国在反腐败方面已经构建了基本的法律框架，初步形成了系统化、完善化的有效机制进入了综合治理，标本兼治为主的党风廉政建设的新时代。

五、打出廉政文化旗帜

基于权威视角，廉政文化最早出现于 2005 年，在中央颁布的《建立健全教育、制度、监督并重的惩治和预防腐败体系实施纲要》中，首次从权威的角度阐释了“廉政文化”的概念。① 在《纲要》中，对廉政文化建设的重要价值进行了表述，并提出了在全社会范围内开展廉政文化建设的思想。在中共中央纪委六届六次全会报告中，针对廉政文化建设提出了行之有效地发展理念，同时提出了社会主义荣辱观的概念。社会主义荣辱观的提出，使廉政文化建设有理可依，成为廉政文化建设的重要保障，在党中央的大力倡导下，全面建立了以廉政为荣的基本道德观念。在中央纪律检查委员会第七次全体会议上，胡锦涛同志对廉政文化建设的相关内容进行了系统化的阐述。它强调，通过在党内外着重开展廉政文化建设，进一步把党风廉政建设落到实处，在整个社会范围内营造廉洁的良好氛围，是公职人员能够具备正确的人生观，价值观积极投身于廉政文化的建设中。

（一）廉政文化建设决议的提出背景

通过梳理廉政文化建设发展的基本历程，我们能够发现廉政文化的提出主要有赖于三个方面的原因，具体为：

1. 党的十六大提出深刻认识廉政文化建设的战略意义

在十六大中，首次将廉政文化建设作为中国社会发展的重要发展内容。强调全面建设中国特色社会主义，应当将精神文明建设与文化建设作为切入点，逐步唤醒人民群众的建

---

① 郑超朔. 大学生廉洁教育及其有效机制研究［D］. 中国矿业大学，2017.

设意识，使他们能够具备正确的人生观与价值观，将廉洁奉公的正确思想贯彻到底。伴随着社会的进一步发展，经济全球化使各国的政治，经济以及文化都交融在一起，而综合国力在世界发展中的地位则逐渐凸显。综合国力反映了某一国家社会发展，历史演进等多个文明发展产出的产物，能够反映出一个国家的凝聚力与创造力。结合当代中国的社会发展历程，只有通过深入学习先进的文化，才有机会把中国推向世界的舞台，加速中国社会在未来的现代化进程。

2. 纪检监察机关对反腐倡廉要素作用的认识逐步深入

在多年反腐工作的努力下，在中国社会，反腐理念已经深入人心，反腐建设的影响力逐渐增加。在胡锦涛同志的正确领导下，中国建立起了以党政机关为核心，高度注重党风廉政建设的基本机制，但是，在实施党风廉政建设的过程中，却没有重视社会风气建设。面对新时期新挑战，中国各级政府以及党政机关也对廉政文化产生了更加深入的认识，因此，在开展党风廉政建设的同时，也将工作重点放在了社会风气建设上。在习近平总书记的大力倡导下，各级党政机关开始在社会的不同领域深入地执行廉政文化建设，试图将廉政文化，建设与学校，企业，社区等领域的建设进行有机结合，进而从多个渠道，多个角度采取多样的方法开展廉政文化宣传教育工作，在全社会范围内创设廉政文化氛围，既然能够更好地开展落实反腐败工作。

3. 廉政教育成效与不足的反思

一直以来，我们都十分重视廉政教育问题，并在此方面做出了许多努力，但是最后的实践结果却与我们的原本预期存在着较大差距，具体表现为，廉政教育缺乏针对性取得的实效性较差。通过认真总结相关实践经验，我们得出了重要的结论，既充分发挥廉政教育的作用，需要从教育内容与教育形式两个方面入手。因此，针对反腐倡廉的相关教育工作，中央政府应当遵循客观规律，一方面，需要明确教育对象；一方面需要摸清教育重点，同时，需要积极创新教育方法，丰富教育途径，进一步提高教育内容的针对性，拓展教育渠道，从而才能显著提升廉政教育的针对性，廉政教育取得更多实效。

第五章 新时代廉政文化建设的路径选择

第一节 把握廉政文化建设原则

2017年，党的十九大胜利召开，中国共产党研判新时代新特点，针对廉政文化建设工作进行了全新的探讨。通过对廉政文化建设的基本要求与一般标准进行分析，同时，结合我国的实际发展情况，归纳廉政文化建设的基本规律可以明确，只有进一步丰富廉政文化建设的内涵，确定廉政文化建设的本质目的，才能在新时代的宏观背景下，更好地推进廉政文化建设相关活动的开展，同时，应当严格遵循相关原则，廉政文化建设能够符合廉政文化的基本特点。①

一、廉政文化建设应遵循实践性原则

在确定廉政文化建设内容时，需要结合当前我国发展的实际情况。通过对我国社会发展的实际情况进行分析，结合时代发展对廉政文化建设的基本要求，再加上对以往开展廉政文化建设的相关经验，最终能够确定出符合新时代要求的，符合中国社会发展的廉政文化建设内容，进而确保廉政文化建设内容能够与我国的基本国情与时代特点相一致。这样能够进一步提升廉政文化建设内容的针对性和实用性。开展廉政文化建设工作，首先应当强调的是廉政文化建设的实践价值。从本质上看，廉政文化建设是认识与实践活动的相互结合，因此，廉政文化的建设与发展，一方面需要认识活动加以支撑，另一方面，需要以社会实践作为发展的基础。因此，在廉政文化建设过程中，实践能够决定着廉政文化建设最终取得的成效。通过开展系列建设活动分析，其中暴露出来的问题，对问题进行反思，

---

① 许爱梅. 廉政文化建设中的责任政治逻辑［J］. 南京社会科学，2019（11）.

总结归纳经验，能够为新时期廉政文化建设的发展提供新的思路，进而使廉政文化建设内容能够与时代发展的要求相贴合，与中国社会的发展情况一致。通过实践能够使廉政文化建设积累许多实践经验，通过实践的反复证明可以发现，廉政文化建设本质上看是一个不断与腐败文化进行斗争的过程。① 廉政文化实践一方面能够成为廉政文化建设的基础保障，另一方面，也能够推动廉政文化的进一步发展。根据实事求是的基本原则，按照道以及政府的相关政策方针，做好廉政文化建设的实践部署工作，将全心全意为人民服务的基本宗旨贯彻到底。

二、廉政文化建设应遵循民族性原则

在中国社会发展的基本进程中，引入马克思主义的理念与观点，实现马克思主义的中国化，深化马克思主义中国化的相关研究，进而在中国构建一条具有中国特色的社会主义发展道路。因此，这就要求党政领导干部需要将中华民族5000多年的传统文化进行继承与发展，并将其与马克思主义进行有机结合，这样才能够使中国的社会发展，一方面，能够带有浓厚的中国色彩，一方面，能够深入贯彻马克思主义。廉政文化是我国社会建设的关键部分。建设廉政文化需要在深化廉政文化内涵的同时，充分彰显廉政文化中独特的民族精神。对于一个国家和民族而言，文化是进步发展的灵魂，能够成为维护国家统一的重要力量。不同国家和地区，其文化形态是存在差异的，因此，使得不同国家和地区会呈现出独特的精神面貌。具体到社会发展过程中，由于受到地域文化等多种因素的影响，廉政文化在不断的发展演变中会产生出独特的文化内容。中华民族已经经历了5000多年的历史发展，在不同的历史阶段，能够形成完全不同的廉政文化精神，面对新时期中国社会应当将各个历史时期，其中涌现出来的优秀廉政文化集合在一起，充分发扬民族精神，将开展廉政文化作为中国传统文化建设的核心，实现廉政文化的继承与创新，一方面，需要彰显出中华民族的文化底蕴，另一方面，需要符合时代发展的需求，跟上时代发展的潮流。

三、廉政文化建设应遵循开放性原则

受到改革开放政策的正确指导，中国的对外开放体系也在逐渐扩大，面对着当前经济全球化的宏观背景，我们也要加强对廉政文化建设开放性的关注。在建设廉政文化的过程中，应当处理好继承与发展之间的关系，也就是说，要明确传统与时代之间的关系，实现

① 吴广来. D市基层法院廉政文化建设调研报告［D］. 大连理工大学，2017.

二者的协调统一，只有这样，才能共同促进廉政文化的进步与发展，充分彰显出廉政文化的内涵与活力。在廉政文化建设的过程中，应当在保证廉政文化民族性的基础上，将廉政文化的世界性与民族性紧密联系在一起，使二者能够由矛盾对立的状态转为相辅相成，彼此促进。尽管西方的思想和文化并非尽善尽美的，但是其中存在的一些先进的优秀思想文化，也值得我们进行深入学习，因此，在开展廉政文化建设的过程中，需要以我国的基本国情为基础，结合社会发展的实际情况对待西方先进的优秀文化，应该保持吸纳批判的态度，进而做到不断丰富我国廉政文化建设的内涵。①

四、廉政文化建设应遵循融合性原则

在党建过程中，党员干部的意识以及行为能够反映出他的价值观念与道德素养，因此，在廉政文化建设的过程中，应当注重廉政文化与党政干部的相互融入。廉政文化能够受到文化政治的影响，是公众在廉政文化建设过程中不再表现出冷漠心理。而受到廉政文化建设精神特质的影响，在廉政文化建设过程中，更加要注重廉政文化建设与政治、经济、社会等领域建设的相结合，进而能够实现廉政文化建设的统一部署与统一安排。此外，应当将廉政文化建设与校园文化建设、企业文化建设、社区文化建设等进行相互融合，在廉政文化建设的过程中，突出廉政文化的教育性与导向性，同时，发挥出廉政文化建设的亲和力，使廉政文化建设内容能够与广大人民群众的生活更加贴合，能够使廉政文化建设成为人民群众与党政干部日常生活中的重要组成部分。

五、廉政文化建设应遵循层次性原则

在不同的社会时期，会出现不同的社会阶层，而在社会发展的过程中，开展廉政文化建设，应当注意符合层次的基本原则。在众多古代文学作品中，有许多文学作品都记载了古代官员的清廉事迹，实际上，按照官员的性格不同，可以将官员的行为风格进行分类。例如，在《史记》中就把廉洁的官员分成了以下几类：第一层次就是当官的最高境界，清正廉洁。身为官员，能够对当前的世界进行明确地判断，坚定自己的理想信念，对社会的基本伦理道德有正确的认识，在正确的思想道德的指引下，按照规矩老实办事，敬畏法律，遵守尊卑规则。第二层次是当官的中等水平，诚信。在这一层次中，官员注重维护个人的荣誉名誉，强调在他人面前树立自己的良好形象，不随意与外界进行勾结。第三层次

① 王娜. 高职院校校园廉政文化建设初探［J］. 河南广播电视大学学报，2015，28（04）.

也是最低的层次，诚信水平低。这一层次的官员应该为自己的言行而感到羞耻。通过对以往的反腐倡廉宣传教育内容进行梳理与总结，能够发现反腐倡廉教育的动机与结果是存在较大差异的。之所以会呈现出这一问题，最主要的原因是在开展反腐倡廉教育的过程中，反腐倡廉教育内容的层次性相对比较差，不能满足不同社会群体对廉政文化，教育内容的需要，同时，更不能做到因材施教。因此，在进行廉政文化建设的过程中，应当严格遵循层次性的基本原则，结合不同对象的不同特点，选择恰当的廉政文化教育内容。

六、廉政文化建设应遵循持续性原则

无论是处于历史时期还是处于时代发展阶段，廉政文化都具有较强的延续性与发展性。廉政文化是在长期的积累与发展下而不断形成的，最终才能构建一个较为完善的廉政文化体系，这个过程并不是能够在短期之内实现的。因此，在开展廉政文化建设活动的过程中，应当充分发挥廉政文化的延续性，与此同时，应当使廉政文化能够符合时代发展的要求。在原有的廉政文化的基础之上，不断丰富廉政文化的内容与内涵，使廉政文化能够与时代发展的特点相贴合，充分彰显廉政文化的发展性。

第二节　彰显廉政文化公平正义

“公平”一词的起源是英语中的“fair”。最初公平一词主要用来形容，凡是参与者都享有平等的权利，但同时也都承担相应地责任和义务。基于学术的角度出发，无论是从社会学还是从经济学或者法学上看，对公平的解释都是存在一定差异的。但是从本质上看，公平还是针对社会制度以及社会结构等方面提出来的重要的衡量尺度，能够判断出社会活动是否是合理地。在实际应用的过程中，公平一词并不会单独出现，往往会正义一词结合在一起，因此，二者的概念是相辅相成的，能够反映出人类对社会美好生活的期盼。

作为政治文明建设中的非常重要的一部分，廉政文化建设能够决定政治建设中的价值取向，这与公平正义是具有一定一致性的。例如，如果公民参与到政治活动中，或是参与到其他社会活动中，公民都享有公平的权利，他们的机会都是均等的。而在整个社会活动中，我们必须要遵守公平、公正、公开的基本原则将社会主义公平正义坚持到底，针对社会上的不良作风，应当保持坚决抵抗的态度。

在社会发展过程中，我们能够发现，廉政与腐败是一对相互对立的概念，就像美丑善

恶一样。腐败文化主要是就公职人员在日常的工作中不按照既定的规章制度而实施，公务的行为或是在法律法规的约束之下，公职人员没有按照相关的制度和政策履行自己的职责，反而以权谋私，在主观上强调为个人利益所服务。在这种错误思维的影响下，廉政能够发挥的作用便十分有限，导致其与廉政的基本理念背道而驰。具体到社会主义理论的研究与探索中，马克思针对法律等问题进行了重要阐述，在他看来，法律就是一把双刃剑，它的双重性能够在专业律师手中得到充分发挥，这是因为，一方面，能够通过法律来惩罚罪犯，另一方面，法律也可能会出现捏造犯罪的行为。因此，我们可以看出，法律的两面是完全极端的，一方面，与公平正义的基本原则是相一致的，另一方面却完全不符合道德标准。在正义论中，作者对正义进行了阐释，在他看来，正义就是指制度的基本道德原则，这种基本原则能够成为社会结构构成的基础条件。而在正义论这本书中，又对正义的原则进行了阐释，指出正义的一般形式在各种场合都是十分适合的，能够使各种冲突的秩序重新进行排列和组合。

相较于其他具有剥削性质的社会制度而言，社会主义制度则更加纯净。之所以会出现这种现象，是因为社会主义的核心就在于公平正义，因此，这也是中国共产党能够始终保持先进性，保持纯洁性的要领所在，这是因为中国共产党一切的活动都是为了人民群众，并不是为了自身利益而奋斗。因此，只有这样，才能够真正称得上是公平正义。早在共产党宣言中，马克思就指出了无产阶级运动的本质就是为了大多数人的利益所服务的。在哥达纲领批判一书中，马克思指出，在共产主义社会的第一个阶段，也就是社会主义时期，人类的全部特权现象都会被摒弃，唯一存在的就是人类的天然特权，也就是不同劳动者的独特的劳动能力。在宪法中明确指出，中华人民共和国的全部权利都属于广大人民群众在中国共产党章程中也指出，党没有自己的特殊利益。从政治制度的角度出发，一直以来，党都将立党为公，执政为民的宗旨与理念，作为自身开展行政工作的基本原则。宪法与党章都对共产党的属性进行了制度上的规定，而继任国家领导人也彻底贯彻执行中国共产党的基本发展方略。在革命时期，毛泽东同志就对共产党人的特点进行了阐释，他指出，共产党与其他政党最大的区别就是看党是否是为人民服务的，党是否将人民的个人利益作为衡量自身利益的标准。邓小平同志深度总结了我党在实践中取得的历史经验，提出了中国共产党的意义，与每一个党员需要完成的任务就是人民利益高于一切，全心全意为人民服务。因此，在制定各项政策方针时，唯一的评判标准就是人民是否是满意的、幸福的。此外，江泽民同志也反复强调，中国共产党是没有自身特殊利益的，中国共产党作为马克思主义执政党，其所获得的全部利益都是为了广大的人民群众，党的一切任务和责任都是为了造福人民，进入新时代。廉政文化与中国共产党人的优秀文化传统是一脉相承的。

如果从制度的角度出发，一些明显是非公平的制度将会成为廉政文化建设开展的障碍，最终为腐败现象的出现，创设了良好的空间。其实，邓小平同志早就意识到了这个问题，如果不进行管控，将会对党的建设造成很大威胁。因此，邓小平指出，一些干部把自己当作人民的主人，搞特殊化，导致群众对其产生了强烈的不满，心理严重损害了党在人民群众的威信，如果不采取严肃的手段命令其进行改正，那么，将会使腐败思想干部队伍中进一步扩大。在这个过程当中，腐败以及腐败后获得的利益是腐败活动的结果，而之所以会出现这种结果，归根结底是因为有特权的存在。江泽民同志指出，我们必须要认识到，对于中国共产党而言，执政地位，对于党究竟带来何种影响，应当对既得利益等相关问题保持时刻警惕。一直以来，党始终将全心全意为人民工作，全心全意为人民服务，作为基本宗旨，并没有属于自己的特殊利益，也决不允许那些剥削阶级的政党既得利益进行追求，同时也绝不会成为这种剥削政党。因此，他时常告诫全体党员干部，应当明确自身权责，坚决不能出现以权谋私的行为，坚决不能成为既得利益集团。他指出，如果真正走到那一步，那么党的最终结果必然是失败。这就意味着，之所以会出现各种利益集团，就是因为社会制度并非公平正义的，因此，非公平正义才是腐败现象出现的根本源泉。一旦出现了不完善的制度，那么社会就会丧失公平正义，最终导致廉政文化建设寸步难行。

一直以来，公平正义都是人类追求的理想目标，而要想实现这一理想目标，最基本的要求就是实现社会制度的公平正义，换句话说，公平正义的实现，需要一个公平正义的制度加以保障，当然，这个制度能否保持鲜活的生命力，也受到公平正义的影响，二者是辩证统一的。党的十六届六中全会《中共中央关于构建社会主义和谐社会若干重大问题的决定》（以下简称《决定》）指出，只有保证社会公平正义，才能构建和谐社会主义，因此，需要构建一个完善的制度，通过制度来为社会公平正义提供保障。这就要求我们必须进一步完善相关制度体系，维护社会公平正义，使人民能够依法行使自身的权利，按照规定来履行自身职责义务。同时，决定还充分结合了我国社会主义建设的基本要求，指出为了能够进一步促进社会主义和谐建设，需要从六个方面来加强制度建设，包括完善分配体系、公共财政体系、民主权利保障体系等等。① 因此，我们必须要认识到，开展廉政文化建设，其重点就应当是廉政文化制度建设，通过健全党内外相关的法律规定与制度政策，能够进一步在全社会构建合理地框架结构，确保权力能够有效流畅地运行，同时，加大对

① 马小芳. 构建社会主义和谐社会关键在党［J］. 中共山西省委党校学报，2008（02）.

权力的监督力度，使权力行使更具约束性。同时，针对当前现行的法律，应当加大对执法检查的力度，必须要将遵纪守法落到实处，相关的执法人员必须秉持严格执法的理念，一旦发现了违法行为人，必须严格惩处。因此，只有从改革机制方面入手，实现权力结构的平衡，才能够进一步完善制度架构，才能够进一步推动社会公平正义的发展。与此同时，应当按照制度规定管人办事，确保社会能够在法律制度的框架下有序运行，在社会主义建设的过程中，实现社会公平正义的目标中，进一步深化廉政文化建设。

第三节　完善廉政文化建设机制

最近几年，关于廉政文化的研究越来越丰富，针对廉政文化建设方面，我们已经取得了十分显著的成果。其中比较具有代表性的是英国朗曼公司出版的《政治分析词典》以及皮埃尔·德·塞纳尔克朗对机制的界定，我们都能够发现机制在政治活动中的重要地位。

一、机制的界定

在《政治分析词典》中，对“机制”的定义作出了如下阐释，认为“机制”属于政治术语的一种，具体而言，可以理解为一种独特的政府形式。这里，我们所强调的“政府形式”实际上就是某个独特的整体在执政过程中采用的某种执政制度，例如会议制度、共和制等等。在对政治进行分析的过程中，我们需要按照不同的分类标准将其进行细化与分类。而政治标准主要涉及三个方面，分别是机制的稳定性、有效性与规则性。塞纳尔克朗认为，“机制”是某一政体统治社会的方式。根据管理学的相关观点，认为“机制”是某一组织所制定的行政规定或法律条款。如果将“机制”的概念置于政治领域，那么除了在政治以及法律层面上呈现出部分共同特征之外，机制在政治层面应当具备一些独特的特点，包括：第一，强调政治结果。这一点在政府管理形式中尤为突出，在机制实施的过程中，需要充分发挥机制的稳定性功能；第二，强调主观意识的作用。机制是人为设定的，因此通过充分发挥人的主动性，能够拉近与预期目标之间的距离；第三，强调最终目标。尽管不同的机制所对应的方面不同、机制的效能不同，但每个机制都会产生相应地规则，这些规则相辅相成，能够为实现最终目标而共同努力。

总之，机制就是在一个特定领域中，人为形成的一个具有规范性、强制性、系统性的决策程序，以及与这套程序相对应的系列规范与原则。

二、深入理解廉政文化建设机制的意义

所谓机制，实际上属于一种内在发展系统，因此具有很强的系统性，具体到实际应用中，机制的系统性也会表现出其独特性。

（一）机制是一种保障

随着社会的不断发展，反腐败工作也在逐步深入。廉政文化建设作为反腐败工作的重要组成部分，对新时代廉政文化建设提出了新的要求和标准。廉政文化建设的任务日益增加，廉政文化的内容也要丰富和拓展。通过建立健全廉政文化建设的各种机制，可以为廉政文化建设提供多方位保障，为廉政文化发展提供舆论基础。廉政文化是一种非常特殊的文化形式。构建需要很长时间，慢慢得到结果也需要很多时间。而且在建设过程中很难取得成就，在社会发展过程中总是被人们所忽视。为避免廉政文化建设在廉政文化建设活动中因廉政文化建设见效慢、耗时长而导致廉政文化建设者心态浮躁，我国行政立法机关有必要立足我国基本国情，正确、科学、合理地构建廉政文化长效运行机制，为廉政文化打造可持续发展路径。

（二）机制是一种手段

应该认识到，建设机制并不是最终目的，而是要将机制看成为一种手段。当前，中国社会发展已经步入了新时代，在这个宏观背景下，构建一个长期的，有效地发展机制能够为廉政文化建设创造有利环境，能够为廉政文化建设提供良好的发展空间，使廉政文化建设者能够全身心地投入到廉政文化建设工作中，投入到反腐倡廉工作中，从而进一步提升廉政文化建设的主动性。

（三）机制是一种动力

通过机制，我们能够透过表面来寻找事物中的根本矛盾，从而通过矛盾关系来为事物发展提供更多动力。针对廉政文化建设，应当构建相应地长效机制，只有这样，才能够使廉政文化建设有充足的动力，持续发展才能够在全社会更好地开展反腐败工作。反腐败工作需要与中国特色社会主义发展实情相适应，需要满足社会主义市场经济的发展条件，将反腐败工作深入到各个领域中，处理好行政与立法之间的关系，廉政文化建设扫清障碍，使各个领域能够协调统一，团结一致，共同推动社会的进步与发展。

三、持续完善廉政文化建设机制

机制的形成并不是一蹴而就的，其发展过程整体而言，可以看作为一个动态的过程，也就是说，通过不断开展实践，通过不断进行发展，能够对机制进行检验，从而建立一个不断动态发展的机制。在新时代廉政文化建设需要与我国社会发展的基本规律相一致，针对我国社会发展的实情，针对时代发展特点，构建一套合理科学的运行机制。从而能够进一步提升全体党政干部的机制意识，实践意识与总结意识。通过不断的实践，能够在全社会构建一个科学的，动态的，发展的廉政文化建设机制，从而确保廉政文化建设能够长期有效地运行。实际上，无论哪一种学科理论，其存在都不是孤立的，其必然存在着特定的研究对象与发展规律。具体到廉政文化建设的机制问题，一方面，需要遵循一般机制的特点与要求；另一方面，也要突出廉政文化本身的独特特点。

（一）科学性原则

开展廉政文化建设的一个重要前提，就是必须确保廉政文化是与社会发展与历史发展的相关标准相一致的。应当确保廉政文化是与时代要求相符合的，并且在实践中具有极高的可行性。作为先进文化的至关重要的一部分，廉政文化对于社会发展建设至关重要。只有进行科学的规划，构建科学的廉政文化体系，才能够确保廉政文化建设不被时代所抛下。保证廉政文化建设的科学性，一方面能够体现在廉政文化的相关决策中；另一方面，在廉政文化的具体运行中也有所体现。通过建立长效机制，能够使廉政文化建设更加满足党的发展，更加符合时代的要求，同时，也能够使廉政文化建设与社会发展相协调，更加具有规范性。除此之外，廉政文化建设需要遵循市场发展规律，采用全局的眼光看待问题，通过科学的理念来对组织架构进行调整，加强机制模式的改革与创新。

（二）系统性原则

通过对廉政文化的发展历程进行梳理可以发现，在现代社会，廉政文化有其独特的特点，具体表现为具有较强的动态性、综合性。由此，我们也可以得知廉政文化建设是一个系统化的工程，在工程落实的过程中，必须要从多个角度，多个层次入手，实现不同环节的协调统一。在开展廉政文化建设的过程中，需要用全局的眼光去审视整个廉政文化建设过程，加强对廉政文化建设的组织领导，确保各岗位能够将廉政文化建设落到实处，从而能够以科学长远的眼光去考量廉政文化体系，并针对廉政文化体系的特点，构建有效地廉政文化建设机制。例如，在制定发展机制的过程中，我们可以对以往在廉政文化建设方面取得的实践成果得出的经验与反思进行分析与概括，李清廉政文化建设的发展历程，探寻廉政文化建设中存在的不足之处，基于当前廉政文化取得的实践成果，深入探讨其中存在的问题。从而能够依据问题来制定相应地问题解决策略，进一步提升机制的针对性，确保社会各个领域与廉政文化建设能够紧密结合。

（三）开放性原则

无论制定什么样的发展机制，要达到预期效果，都需要在实践中不断完善和整合发展机制，确保符合时代发展要求，具有较强的前瞻性。在最初建立机制时，由于还存在着原有的标准与规范，因此，无论建立任何机制，都要以其作为建设基础。然后在此基础之上，结合当前社会发展的真实状态，构建相应地机制。随着机制的逐步落实，在机制的引导下，社会与时代都会发生变化，而在社会与时代发生变化之后，又会使原有的机制不能与这种变化相适应。这就要重新以新的时代发展作为基础，对原有的机制进行改革创新，因此，从这个角度，我们也可以看出本身机制的建设就是动态发展的，并且，机制的完善是需要不断地进行实践检验的，只有在实践中不断对机制进行反思与调整，才能够使机制能够趋于完善，才能够使机制更加满足时代与社会的发展。因此，建立廉政文化机制，需要不断更新先进的思想文化知识，在构建机制中，将这些先进的文化引入其中，使其能够更加适应社会发展，进一步提升机制的包容性与开放性，将廉政文化机制的特点充分展现出来。

（四）整合性原则

伴随着社会的进一步发展，经济全球化已经成为当前时代的宏观背景。面临新时代廉政文化建设，会遇到许多新的挑战，同时也会遇到许多发展机遇，这就要求廉政文化建设需要充分抓住机遇，应对新的挑战，以批判的思维吸收西方的先进文化，避免不良文化对廉政文化建设造成的影响合理进行市场资源配置。具体的廉政文化机制的构建，应从以下两个方面入手：第一，选择古今中外的优秀文化成果，将其引入廉政文化长效机制中，传承人类的优秀文明，将传统文化建设作为廉政文化建设的重要部分，进一步丰富廉政文化的内涵。第二，做好廉政文化与其他文化信息的整合工作，通过对资源进行合理地整合，能够在廉政文化建设中构建优秀的文化框架，合理进行资源配置，进一步提升文化资源的使用效率，从而能够为廉政文化建设打造全球性的发展平台。

（五）群众性原则

廉政文化建设的主体是党政公职人员，同时，党政公职人员也是廉政文化建设的主要对象，在开展廉政文化建设过程中，需要与广大人民群众进行紧密联系，充分发挥人民群众对廉政文化的积极作用，使廉政文化教育能够更具广泛性；坚持走群众路线，引导广大人民群众的积极参与，使廉政文化建设更具大众性。

第四节　促进廉政文化文创发展

党的十六大界定了文化领域的不同类别要求，将文化分为文化事业与文化产业两类。十六大首次针对文化发展领域进行了深入的分析，而这也意味着，我们党与政府开始将文化领域作为国家发展的重点，开始针对文化问题进行深入的思考。通过进行深刻的研究与分析，能够进一步明确我国文化领域的发展情况，能够使文化发展与社会发展更加协调，使文化能够贴合国际文化市场的需求，进一步提升中国文化在国际市场中的优势。

一、文化领域与廉政文化之间的关系

在党的十六届三中全会中提出了完善社会主义市场经济体制的重要思想，同时也提出了需要建设廉政文化的重要论断。作为先进文化的重要组成部分，廉政文化在整个中国文化领域中都扮演着至关重要的角色，在发展文化领域的过程中，应当重视廉政文化建设的发展，将其作为我国文化事业与文化产业发展的优先。① 因此，党政部门需要净化党内党外环境，为廉政文化建设创设有利的发展空间，在全社会营造好氛围，共同促进廉政文化的建设与发展。针对廉政文化建设需要做好地方产业的配套工作，需要开展各项公益事业，为廉政文化建设提供保障，与此同时，应当使廉政文化建设能够与市场经济的发展相贴合，能够与教育对象的要求相适应，从多种渠道入手，引导广大人民群众积极参与到廉政文化建设中，进一步丰富廉政文化建设活动，利用相关文化产业共同促进廉政文化建设的发展。

① 金炳华. 始终坚持先进文化的前进方向［J］. 求是，2003（01）：42-44.

二、文化领域的相关界定

由于文化领域可以被划分为文化事业与文化产业，二者在文化领域发展的过程中存在着密切相连、相辅相成的关系。面对新时代我国文化事业与文化产业的发展过程中需要不断更新，文化理念需要不断吸纳先进文化，确保其能够与时代发展的标准相适应，同时，在发展建设过程中，需要将社会利益作为文化领域发展的出发点与落脚点，强调发展社会的整体利益。社会公益事业也是基于该理念而产生发展的。最近几年，我国加大了对社会文化公共事业的发展力度，这对于我国文化领域而言是一个全新的挑战，但同时也是文化事业与文化产业有了更加宽广的发展空间。

（一）文化事业的相关界定

文化事业这一名词是我国文化领域所独有的专业术语，主要指存在于我国政治经济体系中的全部文化机构。而文化机构的主要职能是从事各种文化研究、创新生产文化产品以及提供文化公共服务。在各种文化机构中，主要由廉政文化单位负责开展廉政文化建设工作，是廉政文化建设的主导性力量，能够对廉政文化的开发、运行、创新产生着决定性影响。同时，廉政文化的开发、研究与创新也需要廉政文化发展到一定规模来为其提供更加坚实的保障。

（二）文化产业的相关界定

1947 年，霍克海默等人编写了《启蒙辩证法》一书，在这本书中，率先提出了“文化工业”一词，在此之后，《重新考虑文化产业》一书问世，这本书中对文化产业的内涵进行了深度研究，并将文化产业与大众文化的概念进行了区分。根据这本书的观点，文化产业是以传统文化为基础的、融合新文化的产业体系。从一定程度上看，文化产业能够对国家的消费性质、计划生产性质产生重要影响。根据国家统计局的分类，我国的文化产业主要包括八类，这八个类别分别对应着八个文化范围，包括新闻服务类、出版服务类、艺术服务类、电视电影服务类等等。除了国家统计局的划分外，部分省份还将旅游产业纳入到了文化产业的范围中。伴随着社会的不断进步，越来越多的专家与学者开始关注、重视文化产业，在部分专家眼中，文化产业也是一种创意产业，认为创意才是文化产业的核心。

三、廉政文化事业发展途径

随着改革开放进程的不断推进，新课程改革也在全国范围内逐渐开展落实。通过对传统的思想政治教育进行分析，我们能够发现，传统思想政治教育中存在着许多问题，无论是教育目标还是教育内容，抑或是教育方法都已经不能与时代发展相适应？因此，面对新时代，我们应当将思想政治教育与廉政文化建设进行有机结合，注重廉政文化在校园文化中的延伸。通过开展相关调查可以发现，当前，我国在思想道德教育以及纪律教育等方面都存在着一定不足，发展空间很大。从教育内容的角度看，无论是思想道德教育还是纪律教育，我们都应当将社会主义核心思想以及传统文化作为教育的核心内容，从教育目的上看，开展思想道德教育与廉政文化建设的目的，都是为了使人能够确立正确的价值观念。而具体的教育形式，无论是思想道德教育还是廉政文化建设，都要强调示范教育、警示教育的重要价值，通过进行主动学习与自我教育等方式来充分激发受教育者的积极性。

社会主义核心价值观能够成为我国传统优秀文化与时代精神的联系纽带，能够成为我国文化事业与文化产业建设发展的重要基础与理论依据，社会主义核心价值观为文化事业与文化产业的发展端正方向，在社会范围内形成了良好的氛围，为构建社会主义和谐社会打下了坚实的基础。社会主义核心价值观能够引领文化产业与文化事业的建设者在开展相关文化活动时，自觉践行价值观念，端正思想态度，营造良好的思想文化氛围。

在党的十七大中，针对我国的思想教育问题提出了重要的四德教育的理念，要求全社会的各个领域都要开展思想道德教育。通过开展系列道德宣传活动，人们的思想道德观念正在不断端正，思想道德水平得到了进一步的提升，使广大人民群众在宣传与教育的引领下，确立了正确的价值观念。在这个过程中，党政干部需要充分发挥自身带头模范作用，自觉践行四德教育的内容与思想，成为我国文化事业与文化产业建设发展的重要力量保障。

最近几年，通过开展大量的研究与调查可以发现，进一步创新教育方法，更新教育内容，能够使廉政文化建设的效果得到显著提升。因此，具体到廉政文化建设，在整个建设过程中，建设者都要注重文化产业的研究与创新，实现传统与现代的有机结合，充分立足于我国的基本情况，研判时代发展趋向，以批判的眼光审视传统文化与先进文化，一方面需要做好文化传承工作；一方面需要做好优秀文化的引进工作。在深化廉政文化内涵的过程中，应当充分彰显廉政文化产品的教育功能，进一步提升廉政文化建设的道德性，思想性是廉政文化能够在社会范围内得到更多认同感。

四、廉政文化产业发展途径

面对着新时代的宏观背景，开展廉政文化产业建设不仅是全党需要关注的大事，更是全社会需要关注的大事。在廉政文化建设发展过程中，党组织积累了相当丰富的实践经验。因此，我们社会的所有成员都应该积极参与到廉政文化建设活动中来，充分发挥我们组织、我们部门的独特优势，发挥好社会发展的引领作用，把廉政文化建设工作摆在我们组织、我们部门的重要位置。在新时代的发展环境下，中国社会廉政文化建设的关键问题在于，廉政文化的建设者能否正确认识廉政文化，能否明确廉政文化建设在社会发展中的重要地位。因此，在廉政文化产业建设过程中，我们需要以下列几个方面作为切入点，包括：

（一）冲破传统思想观念的束缚

面对新时代开展廉政文化建设，首先需要冲破传统思想观念，对廉政文化建设的限制是原本廉政文化与产业利益之间的僵化局面被打破，确保廉政文化能够与产业发展相协调，避免出现廉政文化被利益驱使的现象发生。应当立足于新时代的宏观背景，在开展廉政文化建设的过程中，应当坚定不移地走文化产业之路，站在全局看待廉政文化建设的发展，使廉政文化建设能够更具持续性，不为短期利益所诱惑，同时，在发展廉政文化，建设政治效益与社会效益的同时，进一步提升廉政文化产业的经济效益，采用科学的方式来协调政治，社会与经济之间的关系。例如，选用党政廉政内容作为影视作品的主题与素材，能够将现代社会发展的各种思想基础与理念融入作品中，通过影视作品来传达主题内涵，这样一方面能够进一步对我国社会经济的发展做出贡献。另一方面，能够向广大人民群众宣传我国在新时代的，重要举措与思想理论进一步提升中华民族的凝聚力与团结性，而在全社会营造积极向上的氛围。

（二）实事求是谋发展

当前，建设法治社会，已经成为我国开展社会主义建设事业的必然选择，在进行社会主义建设的过程中，我们需要以法律为基础，充分结合中国发展的事情，在理论联系实际的基础上，实现廉政文化内涵的丰富与拓展，坚持以人为本，坚持全心全意为人民服务，构建符合时代要求的法律制度。党政机关需要严格按照法律规定所强调的权职责任，实事求是开展各项党政工作。应当自觉遵守法律，执行法律成为广大人民群众的榜样。而在廉政文化产业发展的过程中，纪检单位是廉政文化产业发展的重要保障，但是，当前部分纪检监察干部没有端正自己的思想，缺乏自我发展，这对于廉政文化产业的建设与发展是十分不利的，因此，纪检监察机关需要在机关内部定期开展思想道德教育，进一步提升党政干部的思想道德水平，更新党政干部的思想道德理念。

(三) 批判借鉴并吸收优秀文化

在文化产业建设发展的过程中，廉政文化作为文化产业的重要一部分，需要在发展过程中充分吸纳中国的优秀传统文化，注重对传统文化的创造性阐释，使优秀的传统文化能够更具发展性，能够更加符合时代的要求。在五千多年的发展历程中，中华民族产生了无数的优秀传统文化，这些传统文化不仅历史悠久，并且富有浓厚的文化底蕴，在文化内容上丰富多样并具有深刻的哲理，这是世界上任何其他国家都不具有的文化优势。因此，面对这种情况，我们应当将传统文化的优势充分利用起来，使传统文化成为中国特色文化产业的核心，进而使中国色文化产业能够在世界市场中占据更多优势。除此之外，由于中国不同地区都具有不同的地域特点，不同地区也会有不同的文化内容，因此开展廉政文化建设的过程中需要充分结合区域发展特点，进一步挖掘廉政文化的区域性内涵，为打造地方廉政文化品牌奠定基础。

(四) 提升廉政文化产业科技含金量

步入 21 世纪，科学技术得到了迅速发展。当前，互联网技术已经与我们的日常生活紧密相连，在日常生活中起着不可替代的作用。尤其是伴随着移动终端技术的发展，人们可以运用多种移动终端设备，了解各个地区，了解世界各地发生的事情。在廉政文化建设的过程中，我们应该突破传统思维，对我们的影响采用多种传播媒体结合的方式，共同推进廉政文化建设的发展。尤其是新时代，我们应当充分利用网络媒体，借助网络媒体的优势，发挥网络媒体的便捷性，加快廉政信息的传播速度，使廉政文化能够更加适应时代发展，使廉政文化能够与社会其他领域进行有机结合。基于国际发展形势，我们可以发现，一些西方国家已经认为互联网技术能够对意识形态的渗透起到重要作用，通过互联网技术，我们能够向公众传播多种多样的意识形态，能够使公众了解制度结构，因此，互联网技术也成为各国家国际战略的至关重要的一部分。面临着经济全球化的宏观背景，中国廉政文化建设面临着空前的挑战。习近平总书记强调，针对网络文化建设需要，推进互联网+廉政文化的进一步发展，充分突出中国特色网络文化体系的重要价值，进一步完善网络文化建设体系，加强网络文化的管理，网络技术能够在廉政文化建设中充分发挥自身功能。从而进一步提升全体公民的基本道德素养，进一步提高社会主义精神文明的影响力。

（五）加强廉政文化市场建设

最近几年，文化市场发展速度十分迅猛，受到多种因素的制约，当前，文化市场中出现了许多反文化现象，一些低俗的文化产品逐渐冲击了主流文化产品，通过对文化市场中低俗文化产品进行分析，我们总能够看到一些封建迷信的思想，导致廉政文化的相关产品仅仅能在市场中占据小份额。这种现象对于营造良好社会风气是十分不利的，因此，必须在全社会范围内弘扬廉政之风，进一步提升党政干部的思想道德水平，进而更好地推动社会主义市场经济的发展。在开展廉政文化市场建设过程中，一方面应该提升廉政文化市场的商品性，但是同时也不能忘记廉政文化产品有其独特的精神性的特点，因此，在进行市场定位的过程中，需要以此为切入点，充分发挥廉政文化产业的政治效益与社会效益。

（六）打造高素质廉政文化产业队伍

在廉政文化建设的过程中，人力资源是不可或缺的力量，为了能够保障廉政文化能够得到更好的发展，需要打造一支高素质的专业水平高的廉政文化产业队伍，这样能够确保廉政文化产业建设者一方面能够掌握廉政文化相关的理论知识，一方面能够了解文化市场运行的一般规律。因此，我们在开展人才培养活动时，要注重理论联系实际，培养双向性、创新性人才。

第五节　重视廉政文化效果评估

在新时代宏观背景下，开展廉政文化建设，需要开展廉政文化评价工作。如何充分发挥廉政文化体系对社会的影响力，需要明确廉政文化发展的相关影响因素，对廉政文化建设进行深度分析。如果仅仅从廉政文化的角度出发，那么我们还无法实现开展廉政文化建设的最终目的，因此，需要通过结合外力共同助力于廉政文化建设，探索廉政文化建设体系，充分发挥廉政文化建设的重要功能。

一、廉政文化评估模式的类型

廉政文化评价能够成为廉政文化建设的重要保障，而针对廉政文化评价，不同的国家、地区都有不同的观点。

（一）国际范围内廉政文化评估模式——专项评估模式

当前，国际上普遍使用的评价模型都是特殊性质评价模型，例如全球竞争力报告指数，商业国际组织指数等等。同时，特殊性质评价模式也有着其独特的逻辑顺序，有着独特的出发点和落脚点。由于特殊性不同，所采用的评价方法也是不同的，通过对世界各国的反腐败工作进行研究，我们得出了重要的结论。从整体的角度出发，这一系列研究成果能够成为我国开展廉政文化建设的重要理论依据。彼得艾根是世界著名的反腐败专家，他对于反腐败工作有着独特的理解。依据他的观点，这个研究过程中的数据相对比较主观，但科学家们也指出，采用清廉指数，能够将客观事实真实反映出来。在此之后，许多反腐败的研究人员都将这一观点应用到他们的研究中。实际上，在开展反腐败研究过程中，客观数据是相对较少的，大部分数据都比较主观，但是即使是主观的数据，也可以提供出有价值的信息。这些主观数据主要来源于对商人的调查，通过发放问卷或采用访问调查的方式，我们能够了解到商人的真实想法，一些商人对这些问卷中的问题已经非常熟悉了，因为他们其中有很多人都是贿赂者。商人通过自己的认知，能够对国家的贿赂情况进行预判，然后需要对自己的投资项目进行正确的决策。在这个研究调查活动中，需要大量的原始数据，这样能够使研究更具真实性与客观性。对于一个国家来说，如果想要纳入 CPI 体系，那么，至少需要三个基本独立的原始材料，再加上不同国家和地区的社会特征不同，社会政治经济发展水平也不同，因此，调查结果是存在一定差异的。

（二）中国社会廉政文化评估模式——构建反腐败公众影响指数模式

从我国廉政文化建设开展的实际情况看，绝大多数调查都是由中央纪委和国家监委共同负责的，最终会将调查结果汇总到国家统计局，并采用严格的统计方法，将数据进行分析，然后以报告的形式向公众展示出来。这里需要强调的数据是，反腐败公众影响指数、注意指数，主要从三个方面入手进行构建：首先是腐败感知指数，指的是公众对待腐败问题产生的真情实感；其次是反腐败成效指数，这一点主要看社会公众对于当前政府开展的反腐败工作是怎样看待；第三，指的是反腐败信心指数，也就是说，公众对于政府开展的反腐败工作是否具有信息公众的参与度又如何。在构建反腐败公众影响指数的过程中，这三个方面是相辅相成的，通过这三个方面的协调配合，我们能够得知当前广大人民群众对于政府开展的反腐败工作的真实感受。因此，通过构建反腐败公众影响指数模型，开展问卷调查的方式能够了解当前我国开展反腐败工作的实情，这对于实践工作是比较有利的，同时采用这样的调查方式，所得出的数据也是比较可信的。但是问卷所涉及的内容，以及在问卷调查过程中所采用的抽样方法，还需要得到进一步完善。

二、廉政文化评估模式的构建

从不同的角度入手，能够构建不同的廉政文化评价模式。具体到建设过程中，可以发现，无论何种建设模式，廉政文化的调查、分析、评价环节都是必不可少的。

（一）廉政文化调查

文化调查是廉政文化建设的前期工作，在实践中可分为调查层面和研究层面两个层次。廉政文化建设前的廉政文化建设预调研可以准确认识廉政文化建设的基础，正确识别新时代发展下廉政文化建设的优势，我们能够通过对实际情况进行分析来明确当前我国在开展廉政文化建设过程中存在的不足之处。并针对发现的问题提出有针对性地解决策略。因此，需要做好廉政文化调查，才能够为后续开展廉政文化建设的其他工作提供更加可靠的数据支撑。

1. 廉政文化调查活动的基本原则

伴随着社会的进一步发展，廉政文化的内容也逐渐丰富，而关于廉政文化的调查也逐渐呈现出复杂多样的特点，这使得廉政文化调查活动开展的难度逐渐增加。在具体的实际应用中，廉政文化调查需要以廉政文化建设内容为核心，进一步明确日常生活中党政工作人员在廉洁自律方面的具体表现，以及明确当前我国在廉政制度方面的立法情况，通过对社会各个阶层的从业人员进行调查，并了解当前我国每年能够查处的腐败案件以及对应的案件等级。为了确保廉政文化调查能够与时代发展更加贴合，要求廉政文化建设者需要遵循下列基本原则：（1）科学原理。开展廉政文化调查，首先要保证调查活动、内容和结果的科学性，保证廉政文化调查结果是真实可信的，是与社会发展的客观规律相一致的。（2）客观性原则。所有基于客观事实的调查活动都是基于个人偏好，结果更真实可靠。（3）真实性原则。以第一手资料为基准，不带主观意识地判断和阐述。（4）全面性原则。在对廉政文化进行调查的过程中，需要确保所收集到的材料是全面的，不能使用某一侧面的现象来代替整体现象。（5）及时性原则。伴随着廉政文化的进一步发展，在开展廉政文化调查工作时，需要不断调整调查方向，动态调整调查目标。（6）公正性原则。在调查过程中，应当确保使用的调查方式符合公平、公正、公开的基本原则。

2. 廉政文化调查活动的开展方式

从本质上看，“调查”是一种社会实践活动，廉政文化调查是指普通调查、典型调查、重点调查、抽样调查、综合调查等一系列调查活动，以廉政文化为考察对象，以廉政文化为中心。

3. 廉政文化调查活动的注意事项

廉政文化调查应注意以下几个方面：(1) 全面实施全面调查。每种调查方法都有其独特的优点和缺点。如果只用一种方式来考察廉政文化，只能对部分廉政文化进行了解，导致对其他方面的忽略，不能从最客观的角度进行调查分析，导致廉政文化调查丧失全面性。(2) 做好多级调查。这是廉政文化建设的基本特色，为了能够提升廉政文化建设的可行性，需要从多个角度出发开展调查研究工作，了解不同社会结构和阶层对廉政文化的理解和认知，综合判断人们对廉政文化和腐败文化的心理承受力。(3) 引入先进科学技术。由于当前互联网技术手段已经十分成熟，并已经与广大人民群众的生活息息相关，在开展廉政文化调查的过程中使用互联网调查技术，能够进一步提升调查结果的真实性。(4) 确保公开透明。在调查过程中，应当确保每个成员的都能享有参与权，整个过程应该是公开透明的，调查结果也应当符合公开透明的要求。

（二）廉政文化分析

在对廉政文化进行分析的过程中，应当充分以廉政文化的调查结果为基础，采用客观的分析手段进行分析，通过理性、辩证地看待廉政文化的形成过程，进一步明确廉政文化建设的发展现状。因此，在对廉政文化进行分析的过程中，需要将综合性原则贯彻到底，实现零散资料的整合，对收集到的资料进行整理与归纳，从而进一步深化至整个廉政文化体系中。廉政文化分析的关键就是对廉政文化的结构进行分析，寻找廉政文化发展的一般规律，发现其中存在的问题，并为后续廉政文化的建设与发展指明路径。

（三）廉政文化评估

在对廉政文化进行调查分析之后，可以开展廉政文化评价工作，这也是廉政文化建设的最后的环节。在对廉政文化进行评价时，应当明确廉政文化涉及的范畴，从多个视角出发，对廉政文化进行客观、真实的评价。

1. 廉政文化评估模式

基于评价的角度，对廉政文化的评价主要可以从宏观与微观两个方面入手。具体到评价形式，廉政文化评价可以从科学与经验两个方面入手。基于廉政文化评价主体，可以从个人评价与集体评价两方面入手。但是无论从哪个角度出发，不同的评价模式都是具有其自身的优势与缺点的。因此，在开展廉政文化评价的过程中，需要结合调查内容选择恰当的评价方法，进一步明确廉政文化建设的思路，探寻其中存在的问题与难点。具体到评价过程中，应当采用定性评价的方式，明确其中存在的问题，一方面把握发展方向；一方面研判发展趋势。在丰富廉政文化内容的基础上，进一步深化相关理论观点。同时结合定量评价的方式，使评价能够更具真实性与说服力。

2. 廉政文化评估注意事项

在对廉政文化进行评价的过程中，无论选择了何种模式，都应当注重以下几个方面，包括：第一，做好评价引入工作。在开展廉政文化建设评价的过程中，相关组织机构应该积极承担自身责任义务，将廉政文化建设过程中涉及的各种组织结构有机整合起来，把重点性工作、关键性工作落实到位，统筹规划整个评价过程结合廉政文化建设的实际情况，制定有效地方针政策，为廉政文化评价工作的开展提供保障。伴随着社会的不断进步，当前，廉政文化建设包含的内涵正在逐渐丰富，这导致对于廉政文化建设能够产生影响的影响因素也越来越复杂。因此，廉政文化建设工作的不确定性、随机性也在增加，这就意味着，我们必须以大局的角度来对待整个廉政文化建设的评价工作，一方面，需要以专业的角度对廉政文化建设过程进行评价，另一方面，需要具备整体意识，只有这样，才能将廉政文化的优势充分发挥出来。第二，做好阶层评价工作。廉政文化是具有阶级性的，也就是说，在不同阶层中，廉政文化的意识形态是不同的，因此，在开展廉政文化建设评价的过程中，需要结合不同阶层来完成评价工作，所以，在评价廉政文化时，应当注重层次性带来的差异，将不同群体的数据进行整理和分析，探寻不同阶层中廉政文化的差异点，通过进行分层考量，能够明确不同阶层当前对于廉政文化的真实感受，继而为后续开展廉政文化建设工作，提供可靠的医学，使廉政文化建设能够更具针对性。第三，做好全面评价工作。为了能够确保全面地对廉政文化进行评价，需要构建廉政评价机制，切实提供保障。

第六节 探索廉政文化品牌策略

从本质上看，品牌可以作为某种识别标志，能够将不同企业的不同产品进行区分。同时，品牌也可以被简单地看作为一种符号，能够帮助我们更好地进行记忆，对形象，价格等方面进行识记。当前，品牌使用的是广义的概念，这使得品牌的适用性相当广泛。具体到廉政文化建设的过程中，不同文化品牌具备着不同的特征，还具有不同于企业品牌的基本特征。例如，对于廉政文化品牌来说，在保证经济效应的同时，需要充分发挥廉政文化品牌的政治效应、文化效应，但首先要做到的是充分发挥政治效应。廉政文化品牌与组织品牌在管理运营上存在着一定的相似之处，但也有不同之处。然而，对于廉政文化品牌来说，一些发展势头良好的组织品牌是廉政文化品牌，需要学习的对象，廉政文化品牌一经推出之后需要积累大量的声势，这一点我们可以向文化产业的品牌进行学习。

为了实现廉政文化建设的可持续发展，需要实施廉政文化品牌战略，首先，应当迎合市场经济发展的真实需求，这是因为廉政文化建设归根结底也要在市场经济环境下开展，而在市场经济发展的过程中，品牌不仅表现为某种事业，同时也能够作为一门科学，但无论是哪种，都远远超过了品牌的服务范畴，而这也使得品牌能够成为廉政文化进步的重要推动力。例如，在美国，唐老鸭这个品牌不仅仅是娱乐圈中的某个符号，更是承载着某种文化。相关报道表明，智利为了能够抵御美国的文化输入，要求马特拉等人针对唐老鸭专门撰写了如何解读唐老鸭一书。在这本书中，对美国的文化输出进行了揭露。当智利发生政变之后，美国政府支持皮诺切特夺取智利的政权，在皮诺切特成功成为智利的领导人后，他给美国最大的回报就是将如何解读唐老鸭这本书进行封杀，因为这本书可能会严重阻碍美国向智利进行文化输出的过程。就廉政文化建设而言，建设廉政文化品牌，一方面，能够提升廉政文化的影响力，一方面，能够使廉政文化充分发挥自身教育功能，同时，也能够推动反腐败组织继续发展。其次，建立廉政文化品牌是宣传反腐败的有效手段。宣传教育的重点在于开展精神文明建设，但如果单纯从传统的角度对宣传教育工作进行分析，我们能够发现，这种宣传教育工作是非常空洞的。因此，必须要打破人们对于传统观念的认识，将宣传教育真正落到实处，这里就需要通过廉政品牌来实现由虚变实的目标，通过这些品牌能够使宣传教育工作的内容更加具体，最后，打造成一系列廉政文化产业，支持廉政教育能够实现可持续发展。最后，建立廉政文化品牌能够进一步提升党员干部的凝聚力。成立廉政文化品牌，能够鼓励社会成员积极投身于廉政文化建设中，从而进一步提高人民的文化水平，最终能够扭转广大人民群众的需求观念。也就是说，从被动需求转为主动需求。在活动选择方面，应当使活动更具科学内涵，尽可能地提高活动档次。廉政文化不仅是政治文化中的核心部分，同时也是大众文化的重要组成部分，因此在廉政文化发展建设的过程中，需要协同广大党员干部与全体社会成员共同实现思想水平的提高。因此，这就需要成立一系列廉政文化品牌，尽可能地发挥廉政文化的吸引力，争取在市场竞争中占据更多优势。

最近几年，我们积极投身于品牌建设的工作中，使品牌建设取得了显著的成效，但是品牌建设工作还只是一个开端，接下来需要做的事还有很多。面对这种情况，我们必须要进一步提升品牌知名度。具体到品牌意识，实际上指的就是对品牌重要性的正确认识，科学的品牌认知不仅需要我们能够重视品牌，也需要我们能够理性地看待品牌。这里主要涉及三个方面的内容。第一，品牌诚信意识。廉政文化的品牌要求能够表达出社会成员对廉政文化的渴望，如果不能够表达出这种个性，那么就会导致品牌无法充分发挥廉政文化在党员干部中的影响力。第二，品牌的社会意识。品牌建设与发展需要良好的社会环境予以保障，树立品牌的社会意识，需要赢得社会各个领域对品牌的支持，使品牌能够在良好的氛围中不断成长。第三，品牌的质量意识。之所以能够成为品牌，那么必然凝聚了广大党员干部的智慧与心血，蕴藏着我们党执政 70 多年以来在党风廉政建设方面的实践与探索。第四，品牌文化意识。品牌不仅能够成为一种有形的产品，同时，它也是一种文化的代表品牌，能够成为某种意义的符号，能够反映出生产者对于先进文化的追求。在社会发展过程中，生产力是最活跃的部分，而在品牌建设的过程中，品牌文化则是其中最活跃的部分。这就意味着，品牌所表现出来的文化，实际上就是社会文化中最先进的部分，它能够反映出先进的生活方式，或者是当前社会独特的需求水平。因此，树立品牌文化意识，一方面，需要使广大党员干部能够正确认识品牌的文化价值，同时，需要将品牌与社会文化进行紧密联系。品牌的产生需要满足四个基本条件，包括生产者需要有过硬的管理技能，有成熟的市场环境，相对健全的法律机制与发达的媒体。这就意味着，廉政文化品牌的建立，也必须满足这些条件才能够获得成功。因此，需要基于党风廉政文化建设的基本特点，充分进行市场调研工作，做好品牌策划，为品牌的成立与发展扫清障碍。

根据品牌影响范围不同，可以把廉政品牌分为本土品牌与民族品牌。例如，福建省龙岩市以及厦门市的廉政文化品牌都属于本土品牌，在全国范围内，可以充分利用党的历史资源，打造一批有特色的、具有影响力的民族品牌。按照品牌目标以及品牌的受众对象不同，可以将廉政文化品牌分为大众品牌和先进品牌。例如，大众廉政文化品牌的“五进”，无论从水平还是从内容上看，他都与廉政文化普及工作中最基础的工作，与群众的实际生活最为贴近，常常采用一些群众喜闻乐见的形式，让廉政文化能够与群众进行亲密接触，进而通过群众的广泛参与，使廉政文化能够在社会蔚然成风，使其他社会成员能够被这种氛围所熏陶。因此，大众文化品牌一方面需要满足人民群众对于反腐败的基本需求，另一方面，需要对现有的风俗民情中存在的问题进行净化，从而营造一个良好的社会氛围。而先进品牌在要求与标准上则相对更高，例如一些廉政文化的论坛往往具有较强的学术性，能够成为推动廉政文化建设的重要力量。按照品牌中涉及的工作项目数量，可以将廉政文化品牌分为单一品牌和复合品牌。例如在上文中所提到的“五进活动”，顾名思义，其包含五种廉政文化活动，因此是一个复合品牌，但其中，由于每个活动的内容都很集中，所以又可以将五进活动中的子活动看作为单一品牌。但这种对品牌类别的划分并不是绝对的，按照品牌的技术含量不同，还可以把品牌划分为低技术与高技术两种。一些廉政的书籍，报刊，资料等都属于低技术品牌，而一些影视，广告等对于技术的要求相对较高，因此，可以被纳入技术品牌的范畴。

品牌的培育过程并非一个简单的过程，需要对品牌培育进行精心地策划研究，加大宣传力度用于开展品牌建设实践，才能使品牌得到各方的认可。在选择品牌培养方式方面，可以按照品牌的不同分类来选择，也可以将目前已经取得成功地品牌进行新的开发，因为绝大多数情况下对品牌进行深度开发的难易度，相较于创建品牌而言，更加容易。除此之外，应当做好品牌推广工作，尽管创建品牌是非常重要的，但是如果仅仅靠口碑传播来提升品牌的知名度是不可取的。在品牌宣传方面，一些工作人员的思想过于陈旧，怕造成宣传经费的浪费而导致宣传工作不到位。仅仅使用媒体进行品牌宣传，的确能够取得成功，但是却是远远不够的，因此，我们必须尽快转变这种局面，如果我们不对平台宣传工作进行深度思考，那么就会导致廉政文化品牌培育变得寸步难行。除此之外，应当加强对品牌的管理，加强品牌管理，对于打造品牌是非常重要的。这是因为构建一个完善的管理体系，能够帮助品牌在长期范围内发挥品牌效应，对于廉政文化品牌而言，品牌的评价主要由市场所决定。在对廉政文化品牌进行评价的过程中，需要引入三方面的评价内容，包括社会成员的参与度，党政机关以及社会各界的认可度。为了能够对这些指标进行检测，需要采取抽样调查的方式来了解这些评判主体的态度。之所以要开展品牌培育工作，最终目的是能够扩大品牌的效应，使品牌能够成为家喻户晓的知名品牌，或者激发出品牌的持续效应，使品牌能够在较长一段时间内充分发挥自身影响力。

应当充分发挥廉政文化品牌在政治，社会以及经济方面的价值。在政治和社会方面，主要指通过廉政文化品牌能够传播先进文化，能够在社会中营造良好的社会氛围，进一步提升广大人民群众的廉政意识，提高党员干部的社会责任感。而打造文化品牌的主体，则会凭借着他们的正义、诚实、廉洁等优秀品质来对社会带来积极影响。廉政文化品牌是由一些渴望廉洁能够蔚然成风的人所打造的，因此这就意味着廉政文化品牌往往能够创造出更多社会价值，使廉政文化品牌能够成为先进文化的先驱。在经济价值方面，通过打造廉政文化品牌能够为党的政治、社会发展提供经济保障。

参考文献

[1] 高雯婷. 全球清廉指数对中国廉政文化建设的启示 [J]. 漳州职业技术学院学报. 2017, 1.

[2] 米华, 巴鑫伟. 论建国前后毛泽东对中国廉政文化传统的改造 [J]. 廉政文化研究. 2017, 4.

[3] 米华, 巴鑫伟. 论建国前后毛泽东对中国廉政文化传统的改造 [J]. 湖南科技大学学报 (社会科学版). 2016, 3.

[4] 潘宇峰. 雷园园. 中国传统廉政文化的内涵及启示研究——以刘基廉政文化为例 [J]. 中共浙江省委党校学报. 2016, 3.

[5] 吕玉娟. 论新媒体环境下的中国廉政文化建设 [J]. 经济与社会发展. 2016, 1.

[6] 张君. 中国廉政文化建设的当代价值与路径选择 [J]. 云南社会主义学院学报. 2016, 1.

[7] 王汉辰. 中国传统廉政文化及其当代价值探究 [J]. 黄海学术论坛. 2015, 2.

[8] 尤国珍. 新媒体条件下的中国廉政文化建设 [J]. 学习月刊. 2015, 17.

[9] 刘倩. 论中国廉政文化建设 [J]. 管理观察. 2015, 12.

[10] 任松峰. 儒家廉德思想研究 [D]. 曲阜师范大学. 2015.

[11] 刘占虎. 当代中国反腐倡廉的协同性研究 [D]. 兰州大学. 2015.

[12] 鱼爱梅. 新时期中国廉政文化建设研究 [D]. 延安大学. 2014.

[13] 王庭坚. 中国特色社会主义廉政文化建设研究 [D]. 湖南师范大学, 2013.

[14] 赵超额. 张波. 近十年中国廉政文化建设研究综述 [J]. 广西青年干部学院学报. 2013, 2.

[15] 何况. 加强廉政文化建设的历史镜鉴 [N]. 中国纪检监察报. 2013, 4.

[16] 成云雷. 中国传统廉政文化解读 [J]. 廉政文化研究. 2012, 3.

[17] 周晗. 共建中国大运河城市廉政文化 [N]. 扬州日报. 2012, 9.

[18] 裴君成. 论当代中国廉政文化的理论特质 [J]. 湖南行政学院学报. 2012, 5.

［19］田志闯. 当代中国廉政文化建设研究［D］. 大连理工大学. 2012.

［20］孙前梅. 当代中国廉政文化建设考察——兼驳当代中国廉政文化缺失论［J］. 中共山西省委党校学报. 2012，2.

［21］姚亚菲. 基于转型期下的民族地区廉政文化建设研究［J］. 现代国企研究. 2018，9.

［22］王芬阳. 领导干部廉政心态培育困境、成因及路径优化［J］. 实事求是. 2018，9.

［23］刘红叶. 廉政文化传播机制探究——基于阶层分化的机理［J］. 前沿. 2018，8.

［24］许新良，涂丹. 坚定文化自信 推进廉政建设［J］. 学习月刊. 2017，11.

［25］佟亚洲. 中国共产党廉政文化建设回顾与展望［J］. 党政论坛. 2017，12.

［26］徐雪野. 论习近平廉政文化建设思想［J］. 知与行. 2017，12.

［27］胡洪彬. 新时代地方廉政文化建设的“四化模式”：突破与超越——基于杭州实践的发散性思考［J］. 广州大学学报（社会科学版）. 2018，2.

［28］韩小乐. 廉政文化建设中基层政府路径研究［J］. 改革与开放. 2018，2.

［29］胡秀文. 新时代反腐败成果、重要性和路径探析［J］. 南方论刊. 2018，4.

［30］唐忠宝，徐玉生. 论新时代廉政组织与廉政文化协同反腐及其机理［J］. 河南社会科学. 2018，4.

［31］陈平其. 廉政文化建设的信仰培育与制度规范［J］. 湖湘论坛. 2018，4.

［32］陈永华. 全面从严治党背景下廉政文化建设探析［J］. 学校党建与思想教育. 2018，7.

［33］张振华，石东洋. 论新时期廉政文化建设面临的困局及破解之策［J］. 中共南京市委党校学报. 2018，6.